ZEN-BUDDHISMUS

ZEN-BUDDHISMUS

Ein persönlicher Ratgeber
zu Praxis und Tradition

JOSHUA R. PASZKIEWICZ

  **Librero**

INHALT

6
Einleitung

10
KAPITEL 1
Geschichte und
Entwicklung des
Zen-Buddhismus

30
KAPITEL 2
Wichtigste
Zen-Lehren

50
KAPITEL 3
Spirituelle Leitung
und
Lehrer

64
KAPITEL 4
Leben nach Gelübden
und Geboten

84
KAPITEL 5
Zen-Meditation

98
KAPITEL 6
Zen-Koans:
Fallstudien in
Erleuchtung

114
KAPITEL 7
Studium als ein Pfad
der Zen-Praxis

128
KAPITEL 8
Zen-Rituale, Zeremonien
und Gesänge

152
Zusammenfassung

154
Register

159
Über den Autor

EINLEITUNG

Zen-Buddhismus nimmt unter den großen Weltreligionen einen einzigartigen Platz ein. Im Grunde genommen handelt es sich um eine Schule des Buddhismus, und Zen ist eigentlich ein Sammelbegriff einer Reihe von Gruppierungen, die im chinesischen, koreanischen, japanischen vietnamesischen und zunehmend auch im westlichen kulturellen Umfeld gegründet worden sind. Während sich die meisten Zen-Orden ähneln, wenn es um die Grundlagen ihrer Weltansichten und Trainingsmethoden geht, gibt es überraschend viele Unterschiede in den Methoden, wie die verschiedenen Traditionen ihre Praktiken bei der Suche nach dem ultimativen Seinszustand, dem *Erwachen* oder der Erleuchtung, umsetzen.

Unter den Tausenden qualifizierten Zen-Lehrern und Anhängern weltweit findet man christliche Mönche und Priester, jüdische Rabbis, Sufi-Lehrer und andere Angehörige größerer religiöser Traditionen. Darüber hinaus und neben rein buddhistischen Anhängern von Zen zählen Atheisten, andere bekennende Nicht-Religiöse und Laien zu den führenden Stimmen der erweiterten Zen-Tradition. Wahrscheinlich gibt es bei keiner anderen spirituellen Richtung in der Geschichte eine derart weitverbreitete Durchmischung und innere Vielfalt wie im Zen-Buddhismus. Man

könnte sich nun fragen, welchen wesentlichen Inhalt eine so augenscheinlich flexible und offene spirituelle Tradition wie Zen zu bieten hat. Welche
Lehren und Weisheiten kann Zen aufbieten, um für so verschiedenartige
Anhänger attraktiv zu sein? Welche Zen-Lehren haben eine so tiefe Bedeutung, dass sie die Grenzen zwischen religiösen und nicht religiösen
Menschen zu überbrücken vermögen? Diese und andere Fragen versucht
das vorliegende Buch zu beantworten.

Eine einzige Publikation kann eine religiöse Tradition nicht vollständig umfassen, doch für ein Thema wie den Zen-Buddhismus wird
das Unterfangen besonders schwierig. Zen ist nicht nur dezentralisiert,
sondern auch eine weitverbreitete spirituelle Tradition, die ihre Genese
Generationen von aufeinanderfolgenden Lehrern verdankt, die oft nicht
nur Nachfahren, sondern auch Reformer waren. Darüber hinaus lässt sich
die Ursprungsgeschichte der Zen-Tradition nicht leicht auf ein charisma-
tisches Leben oder ein extatisches Erlebnis eines historischen Gründers
(über die essenziellen Lehren des Shakyamuni Buddha hinaus, die der
buddhistischen Religion gemein sind) zurückführen und ist daher schwer
festzulegen. Trotzdem können wesentliche Themen und Annahmen bestimmt und erläutert werden.

In den folgenden Kapiteln untersucht dieser Text die Geschichte und
Entwicklung von Zen, indem er die Ursprünge der buddhistischen Lehre
selbst betrachtet. Wir befassen uns mit den fundamentalen Grundsätzen
des Buddhismus, der sich von Indien nach China ausbreitete, wo er sich
als Chan-Schule etablierte, und wir untersuchen, wie sich die Zen-Tradition zu einem einzigartigen Zweig des buddhistischen Gedankens und
seiner Umsetzung entwickelte. Über die Betrachtung der wesentlichen
Grundlagen hinaus widmen wir uns einigen aktuellen Praktiken, die üblicherweise zum Studium des Zen-Weges gehören – von der sitzenden Meditation und kontemplativen Praktiken (wie Geh-Meditation, Bogenhal-

tung und Übungen) bis zum Wesen spiritueller Anleitung und der Arbeit mit einem Lehrer in einer Zen-Schule. Ein ganzes Kapitel beschäftigt sich mit dem oft als geheimnisvoll beschriebenen *Koan* bzw. Fallstudien und Praktiken, für die Zen wahrscheinlich am besten bekannt ist. Im Laufe des Buchs wird zudem immer wieder auf den laufenden Dialog eingegangen, den Zen mit anderen religiösen Traditionen und unterschiedlichen säkularen Bestrebungen, wie der Bewegung der Achtsamkeit oder verschiedenen Psychotherapieschulen, unterhält.

Man darf nicht außer Acht lassen, dass jede Schule des Zen-Buddhismus auffallend an der zentralen Lehrer-Schüler-Beziehung als Dreh- und Angelpunkt für alle Praktiken und Fortschritte entlang des Zen-Pfades hängt. Leider kann auch das beste Buch nicht die Rolle eines Zen-Meisters einnehmen. Jeder angehende Praktikant oder aufstrebende Schüler des Zen profitiert jedoch davon, sich mit der Geschichte, Entwicklung Philosophie und Praxis der Traditionen über die spezifischen Grundlagen hinaus, die bestimmte Orden oder Sekten und deren Lehrer weitergeben, zu beschäftigen. Um den berühmten Begründer der Religionswissenschaft Max Müller zu paraphrasieren: Was die Religion betrifft, „wer eine kennt, kennt keine"!

Viele Zen-Anhänger haben den Zen-Pfad allein anhand des Studiums von Zen-Schriften beschritten. Darunter befanden sich einige, die sich mit aus heutiger Sicht relativ dürftigen literarischen Zen-Anleitungen auseinandersetzten. Aufrichtigkeit und Integrität sind die wichtigsten Grundsätze, wenn man sich auf eine spirituelle Praxis einlässt. Unter strikter Beachtung dieser Werte kann dieses Buch eine solide Basis darstellen, um Zen zu lehren und zu praktizieren. Und sollte im eigenen Karma eine Affinität zu dieser Tradition aufscheinen, kann es den ernsthaft Suchenden bei den nächsten Schritten fundiert und verantwortungsvoll unterstützen.

Obwohl dieses Buch bei der Untersuchung der Zen-Tradition vor allem japanische Begriffe verwendet, ist es letztendlich nicht ausschließlich auf japanische Zen-Schulen gerichtet. In der westlichen Welt kam die japanische Form des Zen-Buddhismus als Erstes auf und zog die Aufmerksamkeit von Studenten und Schriftstellern auf sich. Deshalb ist in der westlichen Welt Zen am besten unter der japanisch geprägten Terminologie bekannt, wobei chinesische, koreanische und vietnamesische Lehrer diese Begriffe ob ihrer Vertrautheit und Einfachheit ebenfalls verwenden. In den folgenden Kapiteln wird Zen in jeglicher Hinsicht außer der Sprache mit gebührendem Respekt für alle ursprünglichen und herrschenden Zen-Traditionen behandelt.

Die allgemeine Wesensart der westlichen Zen-Tradition ist eine Mischung aus verschiedenen Einflüssen. Eigentlich gibt es kaum einen Lehrer, der in einer der autorisierten Linien ausgebildet ist – ohne Rücksicht auf das kulturelle Umfeld der bestimmten Richtung –, der nicht in irgendeiner Art und Weise zum Beispiel durch die Lehren des vietnamesischen Zen-Meisters Thich Nhat Hanh, des japanischen Meisters Shunryu Suzuki oder des koreanischen Meisters Seung Sahn beeinflusst wurde. Dieses Buch verneigt sich mit Hochachtung vor den Lehren jeder legitimierten Zen-Schule, wobei sie keine über die andere stellt. So versucht der Text, dem Leser zu ermöglichen, sich darin zu vertiefen, was ihn auf natürliche Weise anzieht, um seine Zen-Studien oder -Praktiken zu verfolgen.

Obwohl dieses Buch per se kein Leitfaden ist, verfügt es über zahlreiche Anregungen, vom bloßen Nachdenken über Zen zu praktischen Erfahrungen vorzustoßen, indem man die verschiedenen Prinzipien, Lehren und Praktiken, die man im täglichen Leben einsetzt, mit geführten Meditationen und Übungen anwendet.

KAPITEL 1

GESCHICHTE UND ENTWICKLUNG DES ZEN-BUDDHISMUS

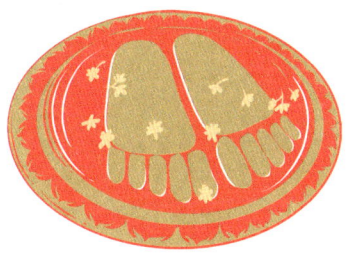

Man kann Zen nicht begreifen, ohne vorher seine Grundlage, den Buddhismus zu verstehen. Trotz der heutigen Versuche, Zen vom Buddhismus loszulösen, bleibt das Faktum bestehen (wie der Titel des Buches beweist), dass Zen wesentlicher Bestandteil des Buddhismus ist. Was ist also Buddhismus? Viele im Westen kennen den Buddhismus als Religion, die allem Anschein nach von dem freundlichen Herrn propagiert wurde, der als Statue die Theken vieler asiatischer Restaurants und Einrichtungen ziert. Eventuell ruft das Wort *Buddhismus* vage Bilder von safrangelb gekleideten, kahl rasierten Mönchen hervor. Für die besser Informierten mag Buddhismus „eher eine Lebenseinstellung als eine Religion" darstellen – ein Leben, das sich nur um Frieden und gute Schwingungen dreht, ohne problematische Doktrin und Dogmen, die sozio-politische Diskurse heute bestimmen. Keine dieser Bilder oder Anspielungen sind jedoch ganz richtig. In diesem Kapitel werden wir die Geschichte und die Lehren des Buddhismus erkunden und wo *Zen* darin seinen Platz findet.

SIDDHARTHA GAUTAMA

Die Geschichte der buddhistischen Religion reicht etwa 2.500 Jahre zurück, in das Tal des Indus, ein Gebiet, das man heute unter dem Namen Nepal kennt. Dort, in der antiken Stadt Lumbini, wurde Siddhartha Gautama als Sohn des Fürsten des Shakya-Clans geboren und wuchs als dessen Erbe auf den Thron auf. Die Heiligengeschichte der buddhistischen Tradition (Geschichten, die angeblich wahr sind) besagt, dass bei der Geburt des Jungen prophezeit wurde, Siddhartha sei dazu bestimmt, einem von zwei Pfaden zu folgen: Entweder würde er die Rolle seines Vaters als Nachfolger übernehmen oder zu einem weltbekannten Weisen werden, indem er auf sein Geburtsrecht als spirituell Suchender verzichtet. Natürlich war Siddharthas Vater um das Wohlergehen seines Volkes und somit auf die Weiterführung seiner Stellung bemüht. Man sagt, er habe alles in seiner Macht Stehende getan, um den Sohn als seinen Erben großzuziehen und ihn davon abzuhalten, sich zu sehr für spirituelle Anliegen zu interessieren.

> Die Lebensgeschichte Buddhas ist eine Mischung aus Tatsachen und Schönfärberei, die im Laufe der Zeit so akzeptiert wurde. Im Studium der Weltreligionen nennt man das Hagiografie. Der Buddhismus besagt, dass man die Wahrheit allein außerhalb der Geschichte finden könne.

Der junge Siddhartha Gautama wuchs sehr behütet auf. Abgeschieden in privaten fürstlichen Wohnsitzen, mit allen weltlichen und sinnlichen Freuden, die Reichtum und Privilegien bieten, wagte sich Siddhartha selten aus dem sorgfältig gehüteten Domizil. So erfolgreich dieses Setting die Unterdrückung der existenziellen Sehnsüchte, die meist eine spirituelle Suche unterlaufen, förderte, war es jedoch unzureichend als Vorbereitung für einen jungen Prinzen, die Rolle des Vaters als Führer eines Volkes zu übernehmen. Eines Tages musste Siddhartha in die weite Welt eingeführt werden, um sein Volk kennenzulernen und dessen Loyalität und Vertrauen zu gewinnen. Als Siddhartha die Großjährigkeit erreichte, arrangierte sein Vater anlässlich eines Herbstfestes zu diesem Zweck eine angemessene Einführung in das Fürstentum. Doch als Siddhartha endlich die weitere Umgebung kennenlernte, stand er gezwungenermaßen auf des Messers Schneide, was die Prophezeiung über die Richtung in seinem Leben betraf. Tatsächlich war er zum ersten Mal mit vier Ansichten konfrontiert, die ein entwaffnendes Alarmzeichen bezüglich seines mangelnden Verständnisses gegenüber seiner Umwelt und des eigenen Platzes darin auslösten.

Beim Verlassen der Grenzen des verschwenderischen und geschützten Wohnsitzes bekam der junge Siddhartha bald alte und kranke Menschen sowie erstmals einen Toten zu sehen. Die Eindrücke von Alter, Krankheit und Tod bedrückten ihn schwer. Als er einem wandernden Asketen begegnete – einer Person, die nach strengen religiösen Regeln lebt –, lernte er den Begriff der Suche nach Verständnis des Lebens inmitten dieser Realitäten kennen. Damit war Siddhartas Schicksal im Wesentlichen besiegelt. Dem jungen Prinzen war bestimmt, auf sein Erbe und das Leben, wie er es gekannt hatte, zu verzichten. Er verließ die Grenzen seines Heims und wurde zu einem ewigen Wanderer und spirituell Suchenden.

Der asketische Gautama suchte nah und fern nach der Bedeutung des Lebens und nach Antworten auf dessen Probleme. Er studierte bei bekannten Lehrern, debattierte mit Fachgelehrten, übertraf diese sogar und praktizierte mit solchem Eifer Enthaltsamkeit, dass sein Körper bereits an der Schwelle des Todes stand. Schließlich, als keines dieser Unternehmen eine echte oder länger andauernde Lösung auf seine Fragen brachte, zog sich Siddhartha in sich selbst zurück und saß in stiller Kontemplation unter einem bengalischen Feigenbaum, wobei er das Gelöbnis ablegte, entweder zu befreiender spiritueller Einsicht erleuchtet zu werden oder zu versuchen, zu sterben. Das Schicksal wollte es, dass der Asket Gautama tatsächlich die gesuchte Erleuchtung erfuhr, mit beruhigter Seele zu lehren begann und bekannt wurde als Buddha: der Erwachte.

WELTBILDER IN DER ZEIT BUDDHAS

Die vorherrschende Weltsicht zu Buddhas Zeiten war eine Form des Proto-Hinduismus. Dieses spirituelle Schema verbreitete die Ansicht, dass fühlende Wesen in erster Linie spirituelle Wesen und nicht Körper sind. Stattdessen betrachtete man materielle Körper als Gefäße, die in der Erfahrung von materiellem Bewusstsein von ihren Seelen gelenkt wurden. Dieses materielle Bewusstsein ist jedoch problematisch, da es vom eigentlichen Sitz der Seelen getrennt ist. Die Seelen sind dazu bestimmt, mit der höchsten, unpersönlichen, schöpferischen Kraft des Universums, also mit Gott, verbunden zu sein.

Der Mechanismus, durch den Seelen von Gott getrennt werden können und in physikalischen Körpern auf einer materiellen Ebene wiederkehren, ist ziemlich komplex, doch es reicht zu sagen, dass man, wenn sich eine Seele einmal auf der anderen Seite der Trennlinie zwischen unpersönlicher Aufnahme in der Gottheit und einer individuellen Erfahrung in der materiellen Welt befindet, nach diesen Regeln spielen muss. Es scheint, dass die Regeln des immateriellen Universums sich hauptsächlich als Zeit und komplexe Ketten von Ursache und Wirkung, dem sogenannten *Karma-Vipaka* manifestieren, was schlussendlich in einen unbefriedigenden Zyklus von wandernden Leben führt. Immer wieder wird die Seele eines toten Körpers, je nach Karma, auf einer kosmischen Reise zu (oder weg von) einer Versöhnung – und damit zu einer Vereinigung mit der Gottheit – auf eine höhere oder eben auf eine niedere Ebene der Existenz wandern.

> Streng genommen ist Hinduismus nicht eine einzelne religiöse Bewegung. Der Begriff ist eine Erfindung der frühen westlichen Religionswissenschaftler. Richtigerweise bezeichnet man ihn als *Sanatana Dharma*, Ewiges Gesetz, ein Begriff, der besser als Überbegriff für eine Reihe von verwandten religiösen Traditionen und Glaubensrichtungen geeignet ist.

Innerhalb dieses Umfelds entwickelte Buddha letztendlich unbefriedigende spirituelle Einsichten und versuchte, so gut er es vermochte, seine wahre Natur als spirituelles Selbst aufzuspüren, sodass sein materieller Körper und damit das materielle Bewusstsein mit dem Tode abgeworfen würden. Dieses spirituelle Selbst schien sich für den Asketen Gautama nie einzustellen, und bei seinem Erwachen sollte er verkünden, dass man so etwas nicht finden könne. Mit diesem Postulat brach er mit der gesamten damals vorherrschenden spirituellen Weltsicht und schlug einen neuen Weg ein.

BUDDHAS NEUER WEG

Der neue Weg, den Siddhartha, der Weise des Shakya-Clans, beschritt und den man heute Buddhismus nennt, bot seinen Anhängern eine neue Weltsicht. Statt sich auf eine mysteriöse Reise zu einer Vereinigung mit einer obersten Gottheit zu konzentrieren, legte er den Fokus auf eine beobachtbare Wirklichkeit und dabei nur auf jene Dinge, von denen man sicher wusste, dass sie dem menschlichen Befinden zuträglich seien. Buddhas größtes Anliegen waren die grundlegende Natur des Leidens, dessen Ursachen und Überwindung. Er verkündete dies in seinen Lehren, die wir heute als die „Vier Edlen Wahrheiten" kennen.

Diese Vier Edlen Wahrheiten sind zugleich eine einfache und tiefgründige Lehre, die von Buddhisten in aller Welt verehrt wird. Im Wesentlichen besteht sie aus vier Wörtern – *Dukkha* (Leiden), *Samudaya* (Verlangen), *Nirodha* (Erlöschen), and *Marga* (Pfad). In der Auslegung beschreiben diese Worte ein erlesenes Verständnis des menschlichen Befindens, seiner Fallstricke und deren Vermeidung.

Während der frühe Buddhismus viele Aspekte des vor-modernen metaphysischen Verständnisses der Wirklichkeit beibehielt, ist die Lehre der Vier Edlen Wahrheiten von solcher Tiefe, dass sie weiteren Veränderungen im Verständnis einer bedeutsamen, zugänglichen und maßgeblichen Beurteilung einer sowohl vor-modernen, als auch post-modernen Konzeptionen der Wirklichkeit widerstand.

DUKKHA

Dukkha, gemeinhin übersetzt als Leiden, wird vielleicht besser verstanden als Unbefriedigtheit. Auf die gesamte menschliche Erfahrung angewandt, bedeutet es so viel wie „ein Rad, das feststeckt". In anderen Worten scheint dem Leben ein Gefühl der Unbehaglichkeit innezuwohnen, wobei die Dinge, egal wie gut sie sind, immer noch ein wenig besser sein oder zumindest etwas länger andauern könnten. Das Konzept Dukkha besagt nicht, das Leben berge keine Freude oder Güte in sich, sondern dass selbst diese beiden dunkle Schatten mit sich führen. Um der Etymologie zu folgen, ist ein vierrädriger Wagen nicht nutzlos oder irreparabel, wenn ein Rad feststeckt; der Wagen ist nur schwerer zu verwenden.

SAMUDAYA

Samudaya, Verlangen, besagt, dass das Leiden von Dukkha nicht selbstbestimmt oder grundlegend ist, sondern durch bestimmte Ursachen und Bedingungen hervorgerufen wird. Im Wesentlichen sind die Ursachen Unbeständigkeit und Begierde oder Wünsche. Da alle Dinge von Grund auf unbeständig und im Wechsel sind, neigen sie dazu, unbefriedigend zu sein, wenn man sie behandelt, als wären sie anders. So sind also Wünsche und Begierden, dass Dinge anders wären, als sie sind, auch eine Quelle von Unbefriedigtheit und Leiden.

NIRODHA

Nirodha, Erlöschen, bietet Hoffnung für den fühlenden Zustand. Gerade die Möglichkeit des Erlöschens von Dukkha (Leiden) ist ein von Samudaya (dem Entstehen von Dukkha aus bestimmten Ursachen) entzündetes Licht. Da Leiden aus bestimmten Gründen entsteht, kann man die Ursachen und Bedingungen selbst ansprechen und so dem Leiden ein Ende setzen.

MARGA

Letztlich gibt es noch Marga, den Pfad zur Beendigung des Leidens. So wie Leiden aus Ursachen und Bedingungen entsteht, entfaltet sich auch die Leidenserlöschung aus ihren eigenen Ursachen und Bedingungen. Im Falle von Marga erläuterte Buddha den sogenannten Edlen Achtfachen Pfad der rechten Einsicht, Gesinnung, Rede, des Handelns, Lebensunterhalts, Strebens, der Konzentration und Achtsamkeit. Einfach die Dinge so zu sehen, wie sie sind (hauptsächlich unbeständig und offensichtlich), und dann in Übereinstimmung mit dieser Erkenntnis und mit Verständnis zu handeln, kann das Entstehen von Leiden verhindern und das Erlöschen kann sich tatsächlich einstellen.

BUDDHAS LEHREN UND SCHULEN BUDDHISTISCHEN GEDANKENGUTS

Auf dieser Basis blieb Buddha Gautama der tiefgründigen, doch klaren Lehre der Vier Edlen Wahrheiten verpflichtet und lehrte sie fortwährend für den Rest seines Lebens. Im Gegensatz zu anderen Religionen oder spirituellen Führern, die systematische Theologien vertraten, die ein für alle Mal festgeschrieben schienen, lehrte Buddha auf Basis von Gelegenheiten – das heißt, er lehrte je nach der Situation, in der er sich selbst gerade befand. Viele der buddhistischen Schriften sind im Wesentlichen Aufzeichnungen von Buddhas Predigten zu bestimmten Individuen oder Gruppen gepaart mit kontextuellen Details, die erläutern, warum oder in welcher Form er zu ihnen sprach.

Trotz aller Flexibilität und potenziellen Weite an situationsbedingter Philosophie gab es Grenzen. Nach einem langen Leben der Lehre wurde es der großen Gemeinschaft der Anhänger Buddhas klar, dass es wahrscheinlich eine Menge Fragen gab, die man dem Lehrer nicht stellte oder die einfach nie aufkamen. Dies führte ziemlich schnell zu verschiedenen Schismen und Abspaltungen unter Buddhas ursprünglichen Schülern, die sich mit der Zeit über unzählige Fragen uneinig waren. Schließlich tauchten vorbildliche Lehrer, Gelehrte und Apologeten auf, und neue Schulen buddhistischer Praktiken entstanden und verbreiteten sich. Im Kielwasser des Lebens und der Lehre des Buddha entwickelten sich unter seinen Anhängern und Generationen von Schülern im Wesentlichen vier unterschiedliche primäre Denkschulen. Die orthodoxe Schule, die versuchte Buddhas Befreiung genau so aufrechtzuerhalten, wie sie überliefert worden war, ist bekannt unter dem Namen Theravada (wörtlich „Anhänger des Weges der Vorfahren") und im Allgemeinen in Südostasien verbreitet. Die verschiedenen Reformer, die versuchten, Buddhas Lehren an die Zeiten und Örtlichkeiten, an denen sie sich gerade befanden, anzupassen, wobei sie unterwegs natürlich die Doktrin verbreiteten und ausweiteten, wurden bekannt als Mahayana-Anhänger („Nachfolger des großen Fahrzeugs"), die im fernen Osten Asiens wirkten. Als die Mahayana-Anhänger ihre Lehren ostwärts trugen, entsprang aus den Interaktionen mit den religiösen Traditionen der Bewohner des Himalayas (z. B. in Bhutan) eine neue Schule namens Vajrayana („Diamantenes Fahrzeug"). Und schließlich entwickelte sich die Mahayana-Schule in China zu einer vierten Richtung, dem Zen.

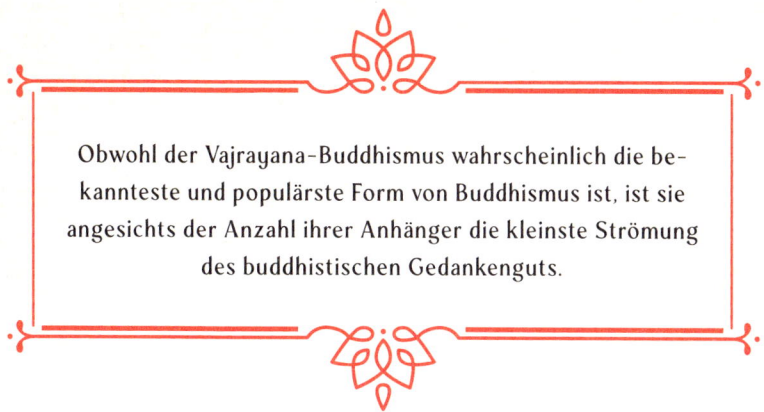

Obwohl der Vajrayana-Buddhismus wahrscheinlich die bekannteste und populärste Form von Buddhismus ist, ist sie angesichts der Anzahl ihrer Anhänger die kleinste Strömung des buddhistischen Gedankenguts.

In Analogie zum Christentum ist die Theravada-Schule vergleichbar mit der römisch-katholischen oder orthodoxen Kirche. Im Gegensatz dazu könnte man die Mahayana-Schule als ähnliche Bewegung wie die protestantische Reformation betrachten, Vajrayana als synkretistische Schule, die ähnlich wie Santeria mehr als eine Denkschule umfasst, und Zen als restaurative Bewegung.

DIE ZEN-BEWEGUNG

Um im Besonderen auf Zen einzugehen, muss gesagt werden, dass der Mahayana-Buddhismus in China schon gut etabliert war, mit Institutionen wie dem berüchtigten Shaolin-Tempel, der auf die Ankunft des quasi-mystischen Gründers der Zen-Tradition, Bodhidharma, 527 n. Chr. vorbereitet war. Doch in allen Berichten über den Gründungsmythos von Zen mangelte es den buddhistischen Lehren, die nach China gebracht worden waren, an Vitalität und Durchschlagskraft. Tatsächlich wird berichtet, dass Bodhidharma die Shaolin-Mönche in derart kränklichem Zustand vorfand (wegen der Stunden, die sie in verschiedenen Arten von langwei-

ligen Meditationen und komplexen intellektuellen Verrichtungen zuge-
bracht hatten), dass sowohl ihr geistiger als auch körperlicher Zustand
so schlecht war, dass die Erkenntnis der tieferen Essenz des Buddhismus
für sie völlig unzugänglich blieb. Daher führte Bodhidharma sogleich ein
umfangreiches Regime yogischer Übungen bei den Shaolin ein, die den
Grundstein für die spätere Entwicklung von systematisierten Kampf-
künsten und Disziplinen wie Kung Fu und Qigong in China bildeten. So
stellte Bodhidharma wieder eine Verbindung zwischen Körper und Geist
in der buddhistischen Praxis her, die heute noch eine wichtige Rolle bei
der Definition von Zen-Praktiken spielt.

Eingangs wurde erwähnt, Zen sei eine restaurative Bewegung, die
sucht, was auch Buddha suchte, und den Geist der Lehren Buddhas
anwandte, statt buchstabengetreu die kontextgebundenen Worte und
Visionen für alle Zeit zu bewahren. Der Kern der Bewegung wird zusammengefasst in den sogenannten Vier Heiligen Versen Bodhidharmas, die
Zen definieren als:

> *Eine besondere Überlieferung außerhalb der Schriften;*
> *unabhängig von Wort und Schriftzeichen;*
> *unmittelbar auf Herz-Geist hinweisen;*
> *die eigene Natur erkennen und Buddha werden.*

Um diese Lehre herunterzubrechen, sollte man verstehen, dass Bodhidharma im Grunde lehrte, es sei der letzte Zweck eines buddhistischen
Trainings, so wie es in der Zen-Schule weitergegeben wird, denselben
Geisteszustand wie Buddha zu erreichen und eins zu werden mit dem
Weisen des Shakya-Clans, Siddhartha Gautama. Um das zu erreichen,
muss ein Anhänger des Buddhismus versuchen, sich selbst und die Wirklichkeit direkt zu erfahren, und dabei verstehen, dass die Verbindung von

Geist und Herz völlig verstrickt ist mit der Natur der Wirklichkeit. Des Weiteren wandelt ein Anhänger in Buddhas Fußstapfen durch ein direktes Hindeuten auf diese Wirklichkeit, eine Einführung durch eine Person, die sie bereits klar erkannt hat, das heißt durch eine Beziehung zu einer erfahrenen spirituellen Leitfigur. Dieses Hindeuten kann man nicht in Wörter oder Buchstaben fassen; eine Geist-zu-Geist-Transmission zu einem Schüler in Gemeinsamkeit ist zugleich der Schlüssel, die Tür und der Pfad.

ZEN-MEISTER

Wegen der Grenzen von Wörtern und Buchstaben, deren Unfähigkeit, die transzendente Weisheit, die von der Erfahrung des Erwachens ausgeht, auszudrücken, spielen Lehrer eine zentrale Rolle in der Lehre des Zen-Buddhismus. Lehrer können mit ihren Schülern in eine Art in Verbindung treten, die die engen Dogmen und Doktrinen überwindet. Und durch ihre pure Anwesenheit und durch gelegentliche spontane Aktionen und Antworten können Lehrer den Geist ihrer Schüler darauf einstellen, mit der erwachten Sicht einer gegebenen Situation in Einklang zu sein. Deshalb kann das ganze Leben eines Menschen und dessen Zusammentreffen mit einem Lehrer zu einer reichen Quelle an Möglichkeiten für die Suche nach der Erleuchtung werden.

Die zentrale Bedeutung der Beziehung zu einem Lehrer oder spirituellen Führer ist unter den buddhistischen Traditionen nicht nur dem Zen eigen. Zum Beispiel wird in der frühen buddhistischen Schriftensammlung *Samyutta Nikaya* die Geschichte erzählt, in der Shakyamuni Buddha mit seinem Begleiter Ananda reist. An einem gewissen Punkt wendet sich Ananda an Buddha und sagt zu ihm etwa Folgendes: „Mein Lehrer, ich glaube, ich habe endlich etwas vom spirituellen Leben verstanden." „Was denn, Ananda?", fragt Buddha. Ananda antwortet: „Spirituelle Führung, die Beziehung zu einem spirituellen Lehrer ist zumindest die Hälfte des spirituellen Lebens." Darauf antwortet Buddha wehklagend: „Sag das nicht, Ananda. Sag das nicht. Die spirituelle Beziehung ist tatsächlich das Ganze des spirituellen Lebens!" Was man als einzigartig in der Zen-Tradition ansehen kann, ist das Formen der spirituellen Führer sowie die pflichtgemäße Ausbildung der Lehrer als direkte spirituelle Nachfahren Buddhas durch einen Ritus, den man gemeinhin „Dharma-Übertragung" nennt. In diesem Ritus wird der Empfänger als Zen-Meister in einen spirituellen Stammbaum eingefügt, der üblicherweise durch achtzig oder mehr Generationen auf Buddha zurückgeht – idealerweise als erwachtes Wesen, dessen Einsichten vergleichbar mit denen Buddhas sind.

STAMMBAUM

Der Buddhismus genießt zwar ein ziemlich ganzheitliches Image und einen guten Ruf in der zeitgenössischen Welt, doch ist er nicht immun gegen Fallstricke der Religiosität, Politik und eigentlich der Menschheit im Allgemeinen. Obwohl Zen auf den Stammbaum als Schlüsselelement für die Feststellung des redlichen Status eines Lehrers Wert legt, ist in Wirklichkeit jede Zen-Stammlinie zumindest teilweise erfunden. Als die Zen-Schule in China entwickelt wurde, hatte sie es zunehmend schwer, in der chinesischen Kultur als gleichzeitig neue und fremdländische Religion Akzeptanz zu finden. Die chinesische Kultur, sowohl zur Zeit der Entstehung und Blüte des Zen als auch heute, legt großen Wert auf Geschichte, Vorfahren und Traditionen. Deshalb entwickelte man, vermutlich in der Tang-Dynastie, den sogenannten Stammbaum von erwachten Nachfolgern Buddhas. Und während das Wesen der Linien des üblichen Zen-Stammbaums auf die reale Bewegung und Nachfolge einer religiösen Tradition hinweist, übermittelt er diese Details letztlich sehr fantasievoll.

Im Gründungsmythos der Zen-Schule erzählt man die Geschichte über eine Predigt, die Buddha auf dem Geierberg vor einer großen Zahl an Schülern hielt. In dieser Predigt saß Buddha einfach eine Zeit lang wortlos da, den Blicken der vielen Schüler ausgesetzt. Schließlich hielt Buddha still eine einzelne Blume hoch. Einer der älteren anwesenden Schüler, der verehrungswürdige Mahakashyapa, lächelte, da er Buddhas Absicht und ihre Bedeutung verstand. Diese Handlung Buddhas und das Erkennen durch Mahakashyapa sollen angeblich der erste Augenblick einer Dharma-Übertragung in der Zen-Linie gewesen sein, bei der Mahakashyapa Buddhas spiritueller Nachfolger wurde. In Wahrheit ist diese Erzählung jedoch eine erfundene Umformung der wahren Geschichte, um den Zen-Stammbaum zu festigen und seine positive Aufnahme in der chinesischen Gesellschaft zu sichern, was schlussendlich auch gelang.

Wir wissen jedoch aus der Geschichte, dass Buddha tatsächlich einen älteren Schüler namens Mahakashyapa hatte, der wirklich Buddha nach dessen Tod in der Leitung der Gemeinschaft nachgefolgt sein dürfte. Buddhas Cousin und lebenslanger Begleiter, der verehrungswürdige Ananda, von dem man behauptet, er sei der Nachfolger Buddhas, war ebenfalls eine reale Person, die gemeinsam mit Mahakashyapa eine zentrale Rolle spielte bei der Einberufung des ersten buddhistischen Konzils, das Buddhas Lehren und sein Vermächtnis systematisieren sollte. Darüber hinaus ist jedoch vieles in der Ausdehnung des Zen-Stammbaumes über 28 Generationen bis zum indischen Mönch Bodhidharma ein kreatives Konstrukt, das reichlich Fakten mit Mythen und Mythen mit Träumen verwebt. Das geschieht etwa bis zum Tod des berühmten sechsten Nachfolgers der Zen-Schule, Huineng, 713 n. Chr., danach beginnt der Zen-Stammbaum der Geschichte Denkmäler zu setzen und reflektiert dabei die Bewegung einer damals gut etablierten und gemeinhin akzeptierten einzigartigen spirituellen Schule.

Vor Huineng behauptete die Zen-Mythologie, Buddhas Gewand und Bettelschale seien als materieller Beweis der Nachfolge im spirituellen Amt des Buddha von Lehrer zu Schüler in jeder Generation weitergegeben worden. Nach Huineng wurde die Dharma-Übertragung jedoch standardisiert, sodass zahlreiche Nachfolger in der Linie Buddhas gleichzeitig existierten. Zuerst waren diese meist Oberhäupter eines Tempels oder Klosters, und die Dharma-Übertragung erfolgte durch den Vorsteher an seinen offensichtlichen Erben (der eigentlichen spirituellen und gesetzlichen Leitung des Tempels und seiner Besitztümer). Heute wird die Dharma-Übertragung im Allgemeinen Zen-Anhängern angeboten, von denen man annimmt, sie verkörperten die tiefste Erkenntnis des Zen und seien durch Lehren und Training zu Repräsentanten der Linie geworden, um die nächste Generation von Zen-Schülern zu lehren und zu trainieren.

Versteht man Religion, auch den Buddhismus, als Unterfangen von Menschen für Menschen, lernt man die manchmal chaotische Entwicklung und ihre auf der Suche nach Überleben und Relevanz oft indirekte Lenkung von sozio-politischen Kräften zu schätzen. Man darf Zen weder von philosophischer noch geschichtlicher Kritik ausnehmen, aber die rationale Forschung, sollte seine Mythologie und Poesie nicht unnötig dekonstruieren. Es gibt eine Wahrheit jenseits von Geschichte, und man kann in Erzählungen, wie und warum man an einen bestimmten Punkt gelangt ist, gestaltende Kraft finden. Zen verwendet diese Werkzeuge neben präzisen, über Generationen verfeinerten Methoden der Meditation und der Suche, die helfen, ihre Anhänger zu bedeutungsvollem Leben, das durch Leiden gekennzeichnet ist, zu führen. Lehrer und Schüler gleichermaßen, selbst jene mit tiefer Erkenntnis, sind in erster Linie Menschen, die in ihrer Alltäglichkeit außergewöhnlich sind, was der eigentlichen Kern des Erwachens im Sinne des Zen ist.

ERKUNDUNG DER
VORAUSSETZUNGEN

In diesem Kapitel wurde bereits bemerkt, dass Buddhismus eine spirituelle Tradition ist, die offen Metaphern, Analogien und Hagiografie anwendet. Für viele mag das eine neue Art des Denkens sein, außerhalb der typischen Darstellungen großer Erzählungen als Fakten in anderen Religionen. Wenn man sich anschickt, die Zen-Tradition zu erkunden, kann es nützlich sein, die eigenen Überzeugungen und Urteile zu überprüfen, die die Interpretation der folgenden Kapitel färben könnten. Im Buddhismus sagt man, dass es besser sei, eine Schale zuerst zu leeren, bevor man versucht, sie wieder aufzufüllen. Wenn man jedoch nicht weiß, dass die Schale voll ist oder womit sie gefüllt ist, kann es schwierig sein, wahrzunehmen, wie viel Raum man frei räumen und wohin man passenderweise die Inhalte leeren sollte, um diesen Raum zu schaffen.

Überdenken Sie die nachstehenden Fragen. Schreiben Sie die Antworten auf, kommen Sie während der Lektüre dieses Textes wieder darauf zurück und achten sie darauf, wie sich Ihre Antworten entwickeln.

1. Was ist der Zweck der Religion?

2. Was ist die Natur der Wahrheit?

3. Können nicht-geschichtliche Erzählungen wahr sein?

4. Haben Metaphern Platz in religiösen Praktiken?

5. Auf welcher Basis sollte man den Glauben formen?

6. Was ist die Rolle der Gläubigkeit in religiöser Praxis?

7. Muss eine Religion alle komplizierten Fragen des Lebens beantworten, um wertgeschätzt und ausgeübt zu werden, oder gibt es auch Raum für das Nichtwissen?

8. Gibt es eine Reihe von Menschen der Vergangenheit, die nicht mit Ihnen verwandt ist, Sie jedoch als eine Art spirituelle Familie beeinflusste und unterstützte?

ZEN-KUNST
ALS ÜBUNGSPFAD

Die Kunst des Zen ist nicht *nur* Ausdruck und Erweiterung des erwachten Geistes; sie kann auch einen Übungspfad darstellen. Das Studium der authentischen Kunst des Zen und das Wandern in den Fußstapfen erwachter Beispiele durch die Praktiken einer bestimmten Disziplin kann auch das Erkennen erleichtern. In Wirklichkeit ist dies ein sehr fortgeschrittenes Niveau der Ausübung, und einem Neuling wird wahrscheinlich besser gedient sein, wenn er sich zuerst mit den grundlegenden Disziplinen des Zen gut vertraut macht. Doch obschon ernst gemeinte und im Allgemeinen anwendbare Leitlinien für den Zen-Pfad existieren, gibt es wenige absolute Regeln mit vielen Ausnahmen (folglich ist ein Lehrer, der den Pfad vorgibt, besonders in der Anfangsphase wichtig). Wenn man sich wahrhaftig dazu hingezogen fühlt, Zen auf jeder Stufe zu lernen, also eine karmische Affinität dazu findet, gibt es keinen besseren Zeitpunkt, den Pfad des Erwachens zu beschreiten.

Wenn Menschen über ihre Kunst sprechen, beschreiben sie oft, wie sie den künstlerischen Prozesses als „Zen" empfinden. Überdenken Sie die folgenden Fragen. Reflektieren Sie während der Lektüre ab und zu Ihre Antworten und deren Veränderung mit dem Lernfortschritt

1. Denken Sie über Ihren eigenen künstlerischen Fortschritt nach und welche Gefühle er in Ihnen auslöst.

2. Was fühlen Sie, wenn Ihr Projekt beendet ist? Ein Gefühl der Ruhe oder ein Hochgefühl?

3. Wie können Sie dieses Gefühl weiter in Ihren Alltag einbringen– eher als Pfad denn als ein Einzelprojekt?

4. Würden Sie eine Routine etablieren, die regelmäßig Zeit für Kunst vorsieht, wie, denken Sie, würde sich Ihre Perspektive verschieben?

KAPITEL 2

WICHTIGSTE ZEN-LEHREN

Ausgehend von seiner Entstehungsstätte in China, mit tiefen Wurzeln in Korea, Japan und Vietnam, erstreckt sich die Zen-Tradition heute rund um den Globus. Zen-Schulen, -Zentren, -Tempel und -Lehrer findet man heute überall auf der Welt, wobei sich mit der Zeit viele verschiedene (und doch legitime) Subschulen und Stammbäume entwickelten, die viel gemeinsam haben, aber auch viele Unterschiede aufweisen. Obwohl die zentrale Aufgabe des Erwachens in allen Zen-Traditionen verankert ist, haben sich die Methoden, mit denen die Schüler in diese Richtung geführt werden sollen, sowie die Bilder und Metaphern, die zur Erreichung dieses Ziels verwendet werden, erheblich verändert. Am interessantesten in der aktuellen Entwicklung der übergreifenden Tradition ist vermutlich während der letzten hundert Jahre das Aufkommen von Zen-Schulen in der westlichen Welt, die geprägt sind vom Aufeinandertreffen mit den Religionen, Sprachen und Kulturen Europas und Amerikas.

ZEN UND GLAUBE

Zen im Westen hat sich von der metaphysischen Buchstabentreue verabschiedet, die der Tradition, insbesondere in ihrer volkstümlichen Form, in der Zeit ihrer Entstehung im antiken Tal des Indus bis in die Gegenwart innewohnt. In manchen Fällen waren die Reformen durch Menschen aus dem Westen problematisch vereinfachend. In anderen Fällen jedoch vertiefte die Neuerschaffung antiker Metaphern durch zeitgenössische Gelehrte im Licht der interdisziplinären Beachtung die breitere Tradition des Zen und beeinflusste damit die ursprünglichen Kontexte. Es wäre unmöglich, über die wichtigsten Lehren des Zen zu sprechen, ohne dieses Phänomen zu untersuchen, insbesondere in einem Text, der speziell auf ein westliches Publikum ausgerichtet ist.

1997 publizierte der ehemalige buddhistische Mönch und buddhistische Lehrer Stephen Batchelor das damals kontroversielle Werk *Buddhism Without Beliefs: A Contemporary Guide to Awakening*. Darin gab Batchelor einer stillen, doch ansehnlichen Anzahl an Anhängern im Westen eine Stimme, die mit vielen Lehren des Buddhismus sympathisierten, in denen sie einen klaren Ausdruck der menschlichen Befindlichkeit und verständliche Antworten auf die Probleme des Leidens gefunden hatten, aber den übernatürlichen Annahmen, die diese Antworten begleiteten, eher skeptisch gegenüberstanden. Batchelor ging der Frage nach, ob und wie man Buddhismus ohne den Glauben an Reinkarnation, kosmisch-karmische Hilfsmittel und unsichtbare Wesen ernsthaft praktizieren könne. Batchelors Antwort (wie die vieler buddhistischer Sympathisanten und Praktizierenden rund um die Welt) war ein eindeutiges Ja.

Einigen, insbesondere jenen, die von starken Ausbrüchen des „Alles-oder-Nichts-Denkens" heimgesucht werden, könnte eine lebendige spirituelle Tradition, die ihre eigenen Herausforderungen an die Lehre und die laufende Entwicklung offen anerkennt, problematisch erscheinen. Denn wie könnte eine Tradition, die verschiedene metaphysische Konzepte ernst genommen hat, die sich im Lichte aktueller wissenschaftlicher Beobachtungen leicht widerlegen lassen, irgendetwas Wertvolles oder Maßgebliches über das menschliche Befinden zu sagen haben? Einfach gesagt, sie kann es, und der reale Beweis liegt einerseits darin, dass sie ein Licht auf das menschliche Befinden wirft, wie es von vielen Anhängern erfahren wird, andererseits im Entstehen von buddhistisch inspirierten medizinischen und psychologischen Methoden wie achtsamkeitsbasierten Interventionen bei Schmerzen und Stress.

Viele medizinische Praktiker empfehlen Patienten mit chronischen Schmerzen achtsame Meditation. Diese beinhaltet Atmung, Konzentration auf den Augenblick sowie den Rat, die eigenen Gedanken nicht zu beurteilen, sondern zu beobachten. Die Ergebnisse wissenschaftlicher Recherche variieren zwar, doch viele Patienten berichten von positiven Effekten bei Schmerzlinderung.

ERWACHEN

Der vorliegende Text sowie Batchelors skeptisches Werk und eigentlich alle Zen-Anleitungen von Gewicht sind letztendlich Führer zum Erwachen. Aber was ist Erwachen außerhalb der wahrscheinlich irregeleiteten metaphysischen Annahmen von Reinkarnation, großen karmischen Konsequenzen und multiplen Existenzebenen? Die exakte Eigenschaft des Erwachens und besonders dessen vermutete Last sind unter den verschiedenen Zen-Schulen umstritten. Das ist jedoch eher Ergebnis der sprachlichen Grenzen als ein Mangel an ausreichender gemeinsamer Erfahrung, auf die man sich einigen könnte, da das Erkennen als Erwachen angesehen wird.

Kurz gesagt, man könnte das Erwachen im Wesentlichen auch als gründliche Neukalibrierung der Wirklichkeit verstehen, wobei es schwierig wird, aus dem Einklang mit ihr wieder herauszufallen. Diese Neukalibrierung formt das eigene Verständnis der Begriffe Selbst, Subjet-Objekt-Dualismus, Zeit, Raum und die Leidensmatrix selbst neu, während sie auf dem Weg dorthin die Wahrnehmung durch Konzentration schärft, existenzielle Ängste durch klare Einsicht verbindet und die Zügel der Meinungsbildung durch die Lenkung von Geist und Körper (Gedanken und Handeln) übernimmt. Sie werden bei dieser Definition nur schwach, wenn überhaupt, einen Aufruf an fantastische und weltfremde Ansprüche bemerken. Es geht darum, dass die höchste Kultivierung der Zen-Praxis im normalen Leben verwurzelt ist, in gewöhnlichen menschlichen Körpern, inmitten gewöhnlicher menschlicher Sorgen. Während man dieser Beschreibung beinahe unendlich viel Poesie und Schnörkel anfügen könnte, muss man die Realität des Erwachsens eigentlich gar nicht verschönern, um sie anregender oder herausfordernder zu machen. Wenn Ihnen der Begriff des Erwachens (oder auch der Erleuchtung) vage oder sogar fremd erscheint, liegen Sie vermutlich richtig.

ZEN-PHILOSOPHIE

Die Zen-Praxis ist unauflöslich mit Zen-Philosophie verbunden. Meditation ohne unterstützenden Rahmen, der ihren Zweck definiert und den Fortschritt in die richtige Richtung führt, unterscheidet sich nur geringfügig vom Tagträumen oder Schlafen. Während viele Zen-Quellen darauf bedacht sind, angehende Praktizierende so schnell wie möglich in die wichtigsten Praktiken der Tradition einzuführen (indem sie darauf hinweisen, nicht zu viel Zeit mit Grübeln über die Realität und Meditation zu verbringen, sondern damit, durch Meditation Zugang zur Realität zu erreichen), findet es der Autor essenziell, Parameter festzulegen, wovon einige weit gefasst und andere anspruchsvoll sind, um so eine Praxis verantwortungsvoll zu beginnen.

In Japan existieren zwei vorherrschende Schulen des Zen-Buddhismus, die Soto-Schule und die Rinzai-Schule. Soto ist bekannt für die Betonung auf graduelles Erwachen und sitzendes Erwachen. Rinzai hingegen legt das Hauptaugenmerk auf plötzliches Erwachen und die Verwendung von Koans bei den Ubungen.

Verschiedene Lehrer und Schulen stützen sich auf unterschiedliche Konzepte und Quellen, um Schüler in die Praxis des Zen einzuführen. Während es viele gemeinsame Prinzipien und Texte gibt, verwenden wenige Schulen, Lehrer oder Zentren (insbesondere im Westen) standardisierte Lehrpläne. In Übereinstimmung mit der postmodernen globalen Perspektive untersucht der vorliegende Text die sieben wichtigsten Lehren der Zen-Tradition, um einen Werkzeugsatz wichtiger philosophischer Quellen zu erstellen, die alle nachfolgenden Praktiken unterstützt, nämlich das *Nicht-Selbst*, dem wesentlichen Bestandteil der Einen Realität, erfahren durch Zwei Perspektiven, gekennzeichnet durch Drei Daseinsmerkmale, die in die Vier Edlen Wahrheiten integriert sind, praktiziert mit Fünf Silas (Tugendregeln) und manifestiert in Sechs Vollkommenheiten. Lassen Sie uns das aufschlüsseln.

NICHT-SELBST

Es steht außer Frage, dass die wichtigste mentale Lehre von Buddhismus und Zen das Nicht-Selbst (*Anitya* in Sanskrit) ist. Wie eingangs erwähnt, war das Nicht-Selbst das grundlegende Konzept, das das Aufkommen der buddhistischen Tradition als spirituelle Bewegung, abweichend vom zu Buddhas Zeiten vorherrschenden Proto-Hinduismus, förderte. Kurz gesagt kann man fast jedes menschliche Leiden auf einen fehlgeleiteten Sinn eines substanziellen Selbst zurückführen, das durch Jahrzehnte irregeleiteter Wahrnehmung als real angesehen und imaginiert wird. Das vermeintliche Selbst ist der Angelpunkt, an dem unzählige Leidensformen hängen und Wurzeln schlagen, und doch ist es bei näherer Betrachtung nirgends zu finden!

Stellt man Fragen über die Natur des Selbst, beginnen die meisten Menschen sofort etliche Adjektiva aufzuzählen, mit denen sie sich im Allgemeinen als Individuen identifizieren. Konfrontiert mit der Realität, dass diese Beschreibungen fast immer Bezüge auf Eigenschaften sind und nicht das objektive Selbst, werden sie sich auf den Körper selbst beziehen.

Angesichts des sprachlichen Dilemmas, wenn man von einem Besitzer ohne Unterschied auf den Besitz rückschließt (z.B. „*mein* Körper" etc.), ist die Antwort meist verwirrtes Schweigen, das allerdings als Türöffner für die eigentliche Meditation dienen könnte.

Menschen verbringen viel Zeit mit der Aufrechterhaltung des Selbstgefühls, während sie dessen unausweichlichen Untergang fürchten und zu verhindern suchen, wobei sie einen vorherbestimmten Kampf gegen etwas führen, was einige Lehrer als ursprüngliche Wunde definierten (die Unfähigkeit, sich mit der Vergänglichkeit zu versöhnen, wenn man von einem konkreten Selbstgefühl ausgeht). Die Aufforderung und Erklärung des Zen rund um den Begriff des Nicht-Selbst besteht darin, dass genau dieses Gefühl eines unabhängigen und stabilen Selbst der Katalysator für menschliches Leiden (im Unterschied zu Schmerz) ist und dass sich die Probleme (d. h. das Leiden) lösen lassen, wenn man von fehlgeleiteten Ansichten des Selbst abgeht, sich der Realität eines Nicht-Selbst bewusst wird, sie akzeptiert und mit ihr in Einklang steht.

EINE REALITÄT

Der Zen-Buddhismus behauptet, die Realität sei eher ein Prozess als ein Ergebnis. Dieser Prozess unterscheidet sich nicht von der Realität selbst, was man in der klassischen Sanskrit-Terminologie *Sunyata* nennt. Sunyata wurde verschiedentlich als „Grund des Seins" und als Leerheit bezeichnet; als Erfahrung, die den Gottesbegriffen zugrunde liegt, als Quantenfeld selbst und als schöpferische Potenz, die die Form hervorbringt und diese bei ihrer Auflösung wieder erhält und wiederverwertet – die Nullheit.

Im Wesentlichen ist die Realität instabil und unbeständig und alle existierenden und nicht-existierenden Potenziale beziehen sich aufeinander in einer konstanten dynamischen Spannung und sind im Fluss. Sunyata kann man am besten so verstehen, das alles ohne stabile, konkrete Existenz ist. Wenn man es etwas näher betrachtet, zerfällt es in unendlich viele Einzelteile. Auch diese Teile bestehen gemeinhin aus noch kleineren Teilen, die oft mit anderen Dingen geteilt werden, bis hin zur subatomaren Ebene (und darüber hinaus). Denken Sie an ein Atom, dann zoomen sie hinaus und sehen Moleküle, zoomen weiter hinaus und sehen Holz, weiter ein Tischbein und noch weiter einen Tisch. Hier stößt die Logik an ihre Grenzen und Wellen und Partikel verbinden sich frei untereinander. Scheinbare Dilemmata – etwa wo der Tisch beginnt und endet – werden auch konzeptuell lösbar und zerstören letztendlich unsere gängige Vorstellung von Wirklichkeit als einem Reich des Manifesten und Eindeutigen.

Man kann Zen-Praxis im Grunde als Befassen mit der direkten Wahrnehmung von Nicht-Selbst und Sunyata (der Einen Wirklichkeit) verstehen. Alle Verwirklichungen und Weisheiten des Zen-Pfades basieren auf Erfahrung und Einbindung der Natur des Seins. Die wichtigste Formel zur Überwindung des Leidens ist die Aufgabe irrealer Vermutungen der Wirklichkeit und des Seins, sich der Natur der Wirklichkeit, wie sie ist und wie wir sind, bewusst zu werden, sie zu akzeptieren und in ständiger Harmonie mit ihr zu sein.

ZWEI PERSPEKTIVEN

Die Zwei Perspektiven auf die Wirklichkeit (Sunyata) sind sicherlich eine komplexe Lehre. Bekannt auch als „Doktrin der Zwei Wahrheiten", postuliert diese Lehre, dass die *Erfahrung* der Wirklichkeit sich von der echten *Natur* der Realität unterscheidet. Die Welt der allgemeinen Erfahrung bezeichnet man als Reich des Relativen, die bewusste Begegnung mit der Natur der Wirklichkeit hingegen als Reich des Absoluten. Die absolute und die relative Perspektive existieren im erwachten Geist nebeneinander in Harmonie und dynamischer Spannung, sind jedoch oft unvereinbar mit der Erkenntnis, die im sich gegenseitig ausschließenden und verzweigten Denken eines nicht-erwachten Geistes wurzelt.

Um das Reich der relativen Wahrnehmung und Erfahrung zu relativieren, kann man ein beliebiges Objekt betrachten. Lassen Sie uns auf den früher erwähnten Tisch zurückgreifen. Ganz klar, der Tisch ist ein Tisch. Er ist aus Holz mit einer ebene Platte, die an vier oder mehr Füßen befestigt ist. Er ist stabil genug, dass man Dinge darauf abstellen kann, und ohne unvorhergesehene Katastrophen wird er ein Tisch bleiben, den auch Fremde in absehbarer Zukunft sowohl in Form als auch Funktion als solchen identifizieren können, ohne ihn vorher gesehen zu haben. Das ist das Reich des Relativen.

In Wirklichkeit gibt es so etwas wie einen Tisch nicht, und das Tischsein ist keine eigenständige Ontologie. Entfernt man die Tischbeine, wo bleibt dann die Natur des Tisches? An welchem Punkt nimmt der Tisch seine Natur als Gestalt an – d. h. etwas, was mehr als die Summe der Einzelteile ist? An welchem Punkt entwickelt er sich zurück in seine Einzelteile (Tischbeine, Tischplatte und vielleicht Stifte, Bolzen, Schrauben und Klebstoff)? Zündet man den Tisch an und macht ihn zu Asche, wohin verschwindet das Tischsein? Dies ist die absolute Sicht, dass nämlich ein Tisch niemals wirklich ein Tisch ist und seine Einzelteile ebenfalls nicht. Holz, ein wichtiges Element des Tisches, ist ein fasriges, behandeltes Material, das eine durch eine Kombination von Sonnenlicht, Wasser, Erde und Zeit zum Leben gebrachte organische Materie ist, die auf molekularer Ebene aus immer kleineren Teilen besteht. Im wahrsten Sinne des Wortes gibt es nichts, was man als Tisch oder Holz bezeichnen könnte. Diese Begriffe sind nur Etiketten, die dazu dienen, sich auf ein wahrgenommenes Objekt zu beziehen. Sie als etwas Anderes zu betrachten, führt nur zu vermindertem Verständnis, wenn die Realität (immer wieder) ihre Verrücktheiten zeigt, insbesondere wenn Dinge sich auflösen. Dinge, wie auch Menschen, besitzen keine Natur des Nicht-Selbst. Individualität und Beständigkeit sind letztendlich relative Unterscheidungen, Illusionen, die zwar manchmal zweckmäßig sind, jedoch dazu dienen, das einzigartige Gefüge der Wirklichkeit und die wechselseitige Abhängigkeit ihrer Bestandteile in irreale Konstrukte aufzuteilen.

Im Laufe des menschlichen Lebens ist es unmöglich, friedlich ausschließlich in einer der beiden Perspektive zu bleiben. Man muss vielmehr die äußere und innere Natur aller Phänomene verstehen und ihre letztendlich undeutlichen, ineinander verwobenen Zustände in Echtzeit wahrnehmen. Sich solch integrativer Wahrnehmung wahrhaft bewusst zu werden, ist meist ein langwieriger Prozess, der nach einer auf Erfahrung beruhenden Einführung in Sunyata eine fortgeschrittene Zen-Praxis voraussetzt.

DREI DASEINSMERKMALE

Nun wurde der Inhalt der Lehre der Drei Daseinsmerkmale hinreichend vorgestellt, und man versteht das Konzept selbst vielleicht am besten als geeigneten Behelf für eine vereinheitlichte Beschreibung von Wirklichkeit. Die Drei Daseinsmerkmale sind Unbeständigkeit (*Anitya* in Sanskrit), Substanzlosigkeit (auch Nicht-Selbst oder *Anatman* in Sanskrit) und Unbefriedigtheit (*Dukkha*). Man muss anmerken, dass in manchen buddhistischen Schriften das dritte Daseinsmerkmal der Unbefriedigtheit als Nirwana (Auslöschung des Dukkha) gelehrt wird. Letztendlich ist diese Unterscheidung von geringer Bedeutung, denn Dukkha und Nirwana sind nur oberflächlich gegensätzlich und reflektieren eigentlich zwei Seiten bzw. die Zwei Perspektiven einer Medaille.

Die Lehre der Drei Daseinsmerkmale dient dazu, uns daran zu erinnern, dass alle Erfahrungen und Phänomene, auf die wir möglicherweise treffen, im Kern zeitlich, instabil und vorübergehend sind sowie aus unendlich vielen einzelnen und gemeinsamen Teilen bestehen, deshalb keine eigene Natur besitzen und dazu neigen, Leiden und Unzufriedenheit zu erzeugen, sobald man sie auf andere Weise betrachtet.

DIE VIER EDLEN WAHRHEITEN

Zwar wurden die Vier Edlen Wahrheiten bereits in Kapitel eins gründlich dargelegt, doch als Teil des Bestrebens dieses Buches, die Zen-Schule in die buddhistische Tradition einzuordnen, kann ihre Bedeutung für das Projekt Zen nicht oft genug betont werden. Um die Vier Edlen Wahrheiten verständlicher zu beschreiben, könnte man sagen, dass ein nicht-erwachtes Leben geprägt ist von Leiden und Unzufriedenheit (Dukkha), weil Menschen dazu neigen, das Leben und die Dinge in einer Art zu erleben, die ihrer wahren Natur widerspricht. Wenn ihre wahre oder tatsächliche Natur enthüllt wird, führt diese kognitive Dissonanz zu Frustration und Klagen (Samudaya); es gibt einen Weg, der Unzufriedenheit und dem Leiden in diesem Leben ein Ende zu setzen (Nirodha); der Weg, dieses Ende zu manifestieren, ist, zu erwachen, um die Dinge zu sehen, wie sie sind, nicht wie sie nicht sind, und in Einklang mit dieser Vision zu handeln (Marga).

Die Vier Edlen Wahrheiten stellen im Wesentlichen den Fahrplan zum Erwachen dar und dienen dazu, Fokus und Relevanz der Anstrengungen in der Praxis aufrechtzuerhalten. Kann man eine Lehre oder eine Technik nicht leicht in das strukturelle Schema der Vier Edlen Wahrheiten einordnen, ist es wahrscheinlich, dass die Lehre oder Technik auf ein anderes Ziel als das Erwachen gerichtet ist und man die eigene Motivation und Ausrichtung überprüfen sollte. Der Geist ist außerordentlich geschickt darin, Praktizierende auf Wege zu führen, die die eigene relative Integrität nicht gefährden. Der Verstand ist darauf eingestellt, viele Annahmen und Methoden zu akzeptieren und sogar zu verfolgen, sodass er Praktizierende davon abhalten kann, die Realität ihrer eigenen zeitlichen und unbeständigen Natur zu erfahren. Deshalb ist es außerordentlich wichtig, die grundlegende Lehre der Vier Edlen Wahrheiten in den Mittelpunkt der Praxis zu stellen.

Die Vier Edlen Wahrheiten sind die wichtigste Lehre, auf die sich alle Buddhisten der Welt einigen können. Auch wenn es Unstimmigkeiten gibt, wie die spezifischen Ziele des buddhistischen Pfades zu kultivieren sind, werden die Vier Edlen Wahrheiten wegen ihrer außergewöhnlich genauen Beschreibung der menschlichen Befindlichkeit allgemein anerkannt.

DIE FÜNF SILAS

Die Praxis der Tugendregeln wird in Kapitel drei ausführlicher behandelt, doch um ihren Platz als zentrale Lehre und Praxis in der Zen-Tradition zu festigen, muss gesagt werden, dass Regeln der primäre Weg sind, damit Anhänger den Pfad (Marga) zur Beendigung des Leidens (Nirodha) beschreiten können. Obwohl das Kultivieren des Erwachens das Herzstück des Zen-Projektes ist, kann das Erwachen im Leben nicht manifest werden, wenn die Vision nicht ins eigenen Handeln einbezogen wird. So sind diese Regeln sowohl Start- als auch Endpunkt im Kultivieren des Erwachens, sowohl in der Vision als auch im Handeln.

Die Fünf Tugendregeln laden uns ein, unseren Blick auf die fünf Bereiche des menschlichen Verhaltens zu überprüfen, nämlich Leben, Besitz, Sexualität, Wahrheit und Ernsthaftigkeit. Meist formuliert als die fünf Gebote, nicht zu töten, zu stehlen, sich sexuell zu vergehen, zu lügen oder sich zu berauschen, handelt es sich weniger um Regeln als um

Aufforderungen, sich bewusst zu machen, wo und wie diese Handlungen gesetzt werden könnten. Die Praxis der Gebote reguliert sich selbst, wie bei fast jeder spirituellen Praxis, und gegen den Geist der Regeln zu verstoßen, wird meist als unvermeidlich angesehen und nicht als unbedingt vermeidbar. So kann man davon ausgehen, dass die Regeln eher logischer als regulatorischer Natur sind.

Verschiedene buddhistische Bewegungen nahmen mit der Zeit viel mehr mögliche Regeln als diese fünf auf, aber alle haben diese fünf gemeinsam und schreiben sie sowohl Laien als auch zum Lehrer geweihten Praktizierenden vor. Man nimmt an, dass die Regeln erwachtes Handeln verkörpern. Die Regeln in der Praxis vollständig umzusetzen, verlangt vom Praktizierenden, das ganze Leben achtsam zu führen, was im Umkehrschluss Weisheit durch erwachte Vision bedeutet, die sich dann im erwachten Handeln manifestiert (Einhalten der Gebote).

Viele von Buddhas Lehren sind in Listen aufgeführt, die sowohl als Gedächtnisstützen als auch als Lehrmittel für den Fortschritt dienen. Der erste Punkt auf einer Liste könnte das Ideal der Lehre verkörpern, wohingegen die nachfolgenden Punkte konkreter und somit besser zuordenbar wären.

DIE SECHS TUGENDEN

Als letzte Schlüssellehre werden hier die Sechs Tugenden behandelt. In buddhistischen Schriften werden die Tugenden (*Paramita*) als Freigiebigkeit (*Dana*), ethische Richtlinien (*Sila*), Geduld (*Ksanti*), energisches Bemühen (*Virya*), Meditation (*Dhyana*) und Weisheit (*Prajna*) angeführt. Man kann die Sechs Tugenden mit den „Früchten des Geistes" im Christentum vergleichen, wobei sie für einen Zen-Buddhisten ein Zeichen für eine reife Praxis sind. Diese Tugenden können zwar auch einzeln angestrebt werden, doch geht es in der Zen-Tradition mehr um ihre spontane Manifestation, wenn das Leben eines Praktizierenden in immer tieferen Einklang mit ihrer Praxis und der Vision des Erwachens kommt. In diesem Sinne sind die Sechs Tugenden eher Wegweiser als individuelle Bestrebungen oder Ziele.

- ❀ Freigiebigkeit manifestiert sich als Realität der eigenen Interdependenz mit allen Lebewesen und beginnt als authentische Erfahrung in Kombination mit umfassender Akzeptanz des Gedankens der Zeitlichkeit und korrekter Einstellung gegenüber Eigentum und Besitz, die man durch Praktizieren der Tugenden erlangt.

- ❀ Ethische Richtlinien sind das Ergebnis einer gelebten erwachten Sicht, während die Zwei Perspektiven immer stärker in den eigenen Standardmodus der Wahrnehmung integriert werden.

- ❀ Geduld ist das Ergebnis eines tiefen Bewusstseins und der Akzeptanz der Drei Daseinsmerkmale sowie ihr Einfluss auf alle Phänomene und manifestiert sich in Einklang mit dieser Vision.

🪷 Energisches Bemühen ist eine Form der Energie, die man erlangt, indem man sich in die letztlich mysteriöse Natur des Seins und der Realität vorwagt und sich leicht den Folgen der Grenzen der konzeptuellen Gedanken ergibt – es ist nicht zuletzt die Energie, die durch Neugierde geweckt wird, die sich dem Ungewissen zuwendet.

🪷 Meditation ist die in der genauen Wahrnehmung gepflegte Konzentration, sowohl bei einer formalen Meditation im Sitzen als auch in anderen Formen.

🪷 Schließlich ist die Weisheit eine schwer zu definierende Eigenschaft des Bewusstseins, in Kombination mit Verständnis und verständlichem Handeln (oder Nicht-Handeln), das die wichtigste Begleiterscheinung des Erwachens ist – es ist transzendentes Wissen, das die unbewusste Kompetenz verkörpert, jedes Unterfangen zu meistern.

Die Sechs Tugenden kann man als Motivation für die eigene Praxis einsetzen, um sich zum Erwachen hinzuführen, vor allem in Zeiten, in denen sich das Praktizieren als schwierig und stagnierend erweist. Obwohl man (wiederum) Vorsicht walten lassen muss, um die Sechs Tugenden nicht als jeweils einzelnes Unterfangen zu betrachten, sind sie doch gute Hilfen zur Reflexion, um sich auf dem Pfad des Erwachens dem ehrlichen Fortschritt anzunähern.

Der Pfad des Zen-Buddhismus in seinen verschiedenen Ausformungen ist übersät mit buchstäblich unzähligen Lehren und nicht alle Traditionen schreiben dieselben Lehren als zentralen Schlüssel in ihren eigenen Paradigmen der Pädagogik und des Trainings vor. Die Lehren, die in diesem Kapitel vorgestellt werden, würden jedoch die meisten Zen-Schulen als wichtig und fast zentral für das Projekt des Erwachens ansehen. Mit dem Fortschritt im Praktizieren des Zen werden Ihnen immer mehr Lehren zur Verfügung stehen, und es ist wichtig, das Anhäufen von Wissen nicht mit der Entfaltung des Erwachens zu verwechseln. Wie ein altes Zen-Sprichwort besagt, sind die Lehren nur Finger, die auf den Mond zeigen – wenn man nie den Kopf wendet und den Blick direkt auf den Mond richtet, sind die Finger und ihr Hinzeigen nutzlos.

DIE SECHS PARAMITAS (TUGENDEN)

布施   DIE TUGEND DER FREIGIEBIGKEIT

持戒   DIE TUGEND DER ETHISCHEN RICHTLINIEN

忍辱   DIE TUGEND DER GEDULD

精进   DIE TUGEND DES ENERGISCHEN BEMÜHENS

禅定   DIE TUGEND DER MEDITATION

般若   DIE TUGEND DER WEISHEIT

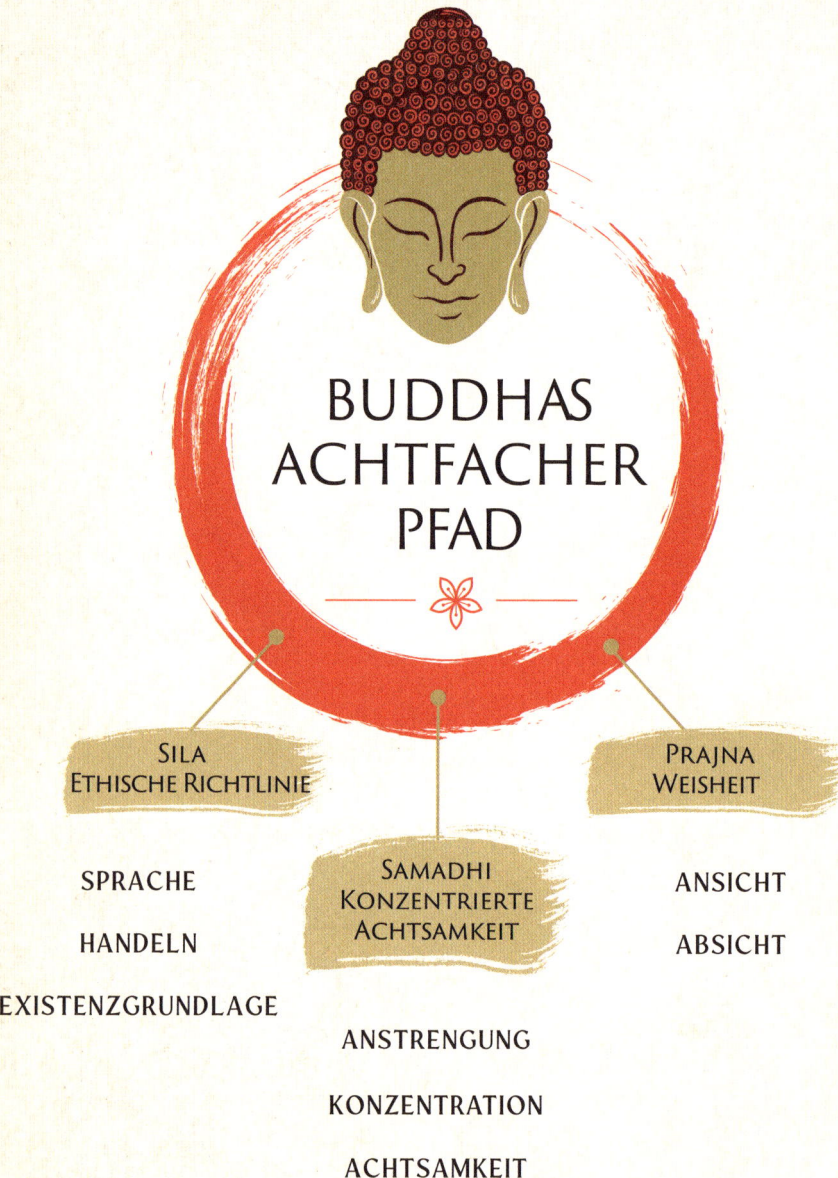

BUDDHAS ACHTFACHER PFAD

Sila
Ethische Richtlinie

Prajna
Weisheit

SPRACHE

Samadhi
Konzentrierte
Achtsamkeit

ANSICHT

HANDELN

ABSICHT

EXISTENZGRUNDLAGE

ANSTRENGUNG

KONZENTRATION

ACHTSAMKEIT

BEWERTENDE GLAUBENSSYSTEME

Die frühere Übung, die Voraussetzungen zu erkunden, bat darum, zu beginnen, einige der Voraussetzungen zu prüfen, zu denen Sie während der Erforschung des Zen-Buddhismus gelangen. Daraus wird klar, dass man bei den meisten Bestrebungen mit ziemlich schwerem Gepäck belastet ist. Was die Spiritualität betrifft, neigt man dazu, viele Überzeugungen zu haben, die sich aus der Lebenserfahrung ergeben oder sogar schon durch die spirituellen Praktiken der Erziehung entstanden sind.

Für diese Übung denken Sie über die wichtigsten Lehren dieses Kapitels nach: die Möglichkeit des Erwachens, die Eine Realität, die Zwei Perspektiven, die Drei Daseinsmerkmale, die Vier Edlen Wahrheiten, die Fünf Tugendregeln, bis hin zu den Sechs Tugenden. Denken Sie über die folgenden Fragen nach, schreiben Sie Ihre Antworten auf und sehen Sie, wie sich Ihre Perspektiven während der Lektüre des Buches verschieben.

1. Kann der Mensch in diesem Leben einen Ausweg aus dem Leiden finden? Scheint es, dass eine bloße Verschiebung der Perspektive dies ermöglicht oder muss etwas Kosmischeres mit ins Spiel kommen?

2. Die Zwei „Wahrheiten" stellen eher ein Wechselspiel zwischen den Polaritäten unserer Erfahrung dar als eine binäre Realität im Kampf zwischen Gut und Böse. Kann eine gute Situation eine schlechte und eine schlechte Situation eine gute sein? Haben Position und Perspektive die Macht, diese Kategorien zu verändern?

3. Der Mensch neigt allgemein dazu, Stabilität und Dauerhaftigkeit zu wünschen, doch lehrt Zen, dass alle diese Dinge von Unbeständigkeit sowie Substanzhaftigkeit geprägt sind und den Keim des Erwachens, aber auch des Leidens in sich tragen. Gegen welche Dinge kämpfen Sie, die Sie als unbeständig und ohne eigene Natur empfinden?

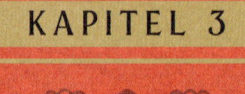

KAPITEL 3

SPIRITUELLE LEITUNG
UND
LEHRER

Zen im traditionellen Sinn zu praktizieren bedeutet, an einem gewissen Punk eine Beziehung mit einem kompetenten und qualifizierten Lehrer einzugehen. Zen ist keine auf sich selbst gerichtete Aktivität, trotz des Umstandes, dass vieles in der Praxis allein oder allein in einer Gruppe (wie in der Gruppenmeditation) durchgeführt wird. Wie in diesem Text bereits erwähnt, ist Zen eine lebendige Tradition und die Praxis wurde für über tausend Jahre von Lehrer zu Schüler weitergegeben. Es ist nicht so, dass man die Zen-Philosophie nicht allein erforschen oder mit Zen experimentieren und sogar großen Gewinn daraus ziehen könnte, aber es ist wahr, dass man mit einem Lehrer arbeiten muss, um Zen ordentlich zu praktizieren.

Jeder Text über Zen, der die zentrale Lehrer-Schüler-Beziehung leugnet oder vernachlässigt, wäre nicht vollständig und würde eine wahrlich eigenartige Form des Zen darstellen, die außerhalb der gesamten Geschichte der Tradition steht. Während in den nachfolgenden Kapiteln ziemlich ausführlich und im Detail über die verschiedenen Praktiken, die leicht zu erlernen und für die Zwecke der persönlichen Erkundung ohne Lehrer möglich sind, sollte doch eine Debatte über die Natur der Zen-Beziehungslehre, deren Ziel und Funktion vorangestellt werden. Wenn der Lehrer im Idealfall ein erwachter Führer ist, der anderen den Weg weisen kann, muss man den Begriff des Zen-Lehrers im Kontext des Erwachens selbst betrachten.

ARTEN DES ERWACHENS

Beinahe seit den Anfängen entwickelten sich in der breiteren Tradition des Buddhismus drei Haupttypen von erleuchteten Wesen, nämlich Samyaksambuddhas, Pratyekabuddhas und Arhats, mit einer späteren Unterscheidung, die Bodhisattvas mit Arhats gleichsetzte.

SAMYAKSAMBUDDHAS

Samyaksambuddhas sind erwachte Wesen, die durch eigene Anstrengung befreit und erleuchtet wurden und so die tiefe Erkenntnis erlangt haben, dass sie tatsächlich fähig sind, neue Praxis-Pfade zu erstellen, um andere zum Erwachen zu führen. Diese Art des Erwachens ist in der Geschichte äußerst selten und wird oft nur dem Shakyamuni Buddha, Siddhartha Gautama, zugeschrieben.

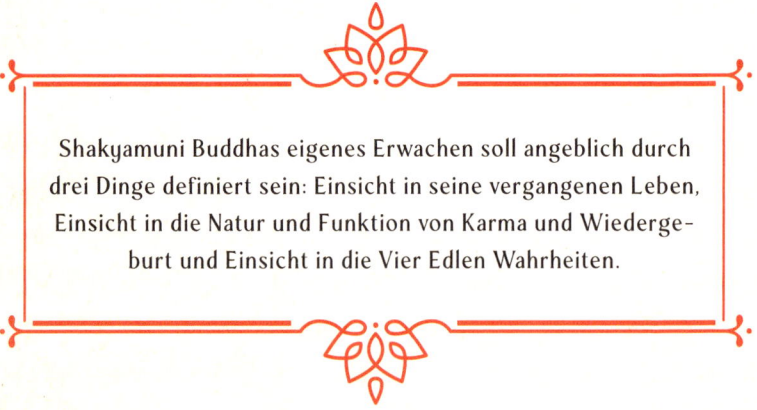

Shakyamuni Buddhas eigenes Erwachen soll angeblich durch drei Dinge definiert sein: Einsicht in seine vergangenen Leben, Einsicht in die Natur und Funktion von Karma und Wiedergeburt und Einsicht in die Vier Edlen Wahrheiten.

PRATYEKABUDDHAS

Pratyekabuddhas sind Wesen, die wie Samyaksambuddhas, durch eigene Anstrengung erleuchtet wurden, ohne Hilfe von Lehrern oder Führern, deren Qualität der Erkenntnis sie jedoch entweder desinteressiert oder unfähig werden ließ, andere zum Erwachen zu führen. Wie Samyaksambuddhas werden Pratyekabuddhas im Allgemeinen als außergewöhnliche Rarität angesehen.

ARHATS

Arhats sind Wesen, die durch einen Dispens eines Samyaksambuddha zum vollständigen Erwachen kommen und fähig sind, andere in diesen Methoden und Verfahren zu unterrichten, sodass auch diese auf das sogenannte *andere Ufer* des Erwachens kommen können. Während jegliches Erwachen unter der allgemeinen Bevölkerung als relativ ungewöhnlich angesehen werden kann, gilt das Erwachen eines Arhats mit der klarsichtigen Führung eines Lehrers mit ähnlicher Erkenntnis als durchaus erreichbar.

BODHISATTVAS

Bodhisattvas sind im Wesentlichen so erwachte Wesen wie Arhats, doch ihre primäre Motivation ist nicht die persönliche, sondern die kollektive Befreiung *aller* fühlenden Wesen. Nach Meinung des Autors ist das Ideal eines Bodhisattva eher eine Angelegenheit von Pädagogik als von Ontologie, wohingegen die gegenseitige Abhängigkeit, die den Erwachten eigen ist, als geschicktes Mittel eingesetzt wird (*Upaya* in Sanskrit), um bei noch nicht erwachten Schülern ein Gefühl des Eifers und des energetischen Antriebs zu entzünden, um zum Erwachen zu gelangen. Zweifellos verfügen manche Menschen (bezüglich des eigenen Leidens) über nicht genügend Motivation, den Pfad des Erwachens zu beschreiten, doch auf der Suche nach kollektivem Nutzen für alle fühlenden Wesen könnten sie die Kraft zu vollen Erleuchtung finden.

DIE FUNKTION VON LEHRERN

Mit dem Verständnis der Typen von erwachten Wesen, die in der Zen-Tradition mit der Zeit bekannt wurden, versteht man langsam die Bedeutung, einen Lehrer mit Erkenntnis zu haben, der einen auf dem Pfad der Erleuchtung führen kann. Man darf jedoch Zen-Meister nicht mit Gurus verwechseln, wie man sie in anderen populären östlichen Religionen kennt. Zen-Lehrer sind Vorbilder – in erster Linie Praktizierende, dann erst Lehrer. Das Hauptinstrument eines Zen-Lehrers ist sein persönliches Beispiel, das allein einen klarsichtigen Schüler in die Besonderheiten des Erwachens einführen kann. Zen-Lehrer sind kluge Führer, die Schülern den Weg weisen und ihnen ihren Platz auf diesem Weg bestätigen; sie erlangen ihre Autorität nicht nur aus einer esoterischen Aufstellung in einer religiösen Hierarchie, sondern durch ihre persönliche Ernsthaftigkeit und Erkenntnisse. Während man sich einem Guru unterwerfen muss, akzeptiert man die Vormundschaft eines Zen-Meisters wegen der Fähigkeit, Ergebnisse zu erzielen und Integrität im freien Austausch von Kritik und Fragestellungen, dem sogenannten „Dharma-Kampf" oder „Zen-Dialog", zu verteidigen.

Praktisch gesprochen beinhalten die vorrangigen Verantwortlichkeiten eines Zen-Lehrers die Einführung des Schülers in die Art des Zen durch das Abhalten von Gebots- und Zufluchtszeremonien (*Jukai* auf Japanisch). Dabei leiten sie regelmäßige Meditationsübungen und intensive ausgedehnte Klausuren (*Zazenkai*, *Sesshin* und *Ango* auf Japanisch, abhängig von der Länge) und halten mit Schülern private Treffen ab (bekannt als *Dokusan* oder *Sanzen* auf Japanisch), bei denen Schüler Fragen stellen, Einsichten und die Früchte ihrer Praxis präsentieren dürfen und/oder sich mit dem Lehrer zur Untersuchung von Zen-Fallstudien (*Koankufu* auf Japanisch) treffen.

Während einige Zen-Lehrer auch Mönche oder Priester sind, sind nicht alle Mönche und Priester auch Zen-Lehrer, in dem Sinne, dass sie ausgebildete, autorisierte Stammhalter mit der Ermächtigung sind, Schüler anzunehmen. Tatsächlich unterscheidet sich die Praxis der spirituellen Leitung von Zen-Lehrern vom allgemeinen Dienst der Zen-Priester und -Mönche. Während die spirituelle Führung eine intensive, persönliche, engagierte und andauernde Beziehung zwischen Lehrer und Schüler ist, befasst sich die Priesterschaft im Wesentlichen mit dem Abhalten öffentlicher Zeremonien und Lebensfeiern, die im buddhistischen liturgischen Kalender verankert sind und zu den verschiedenen Übergängen im Leben dazugehören (wie Namensgebung für Babys, Willkommensfeiern, Hochzeiten, Segen von haus und Fahrzeugen, Begräbnisse etc.). Geweihte Praxis und der sie begleitende öffentliche Dienst sind einzigartige Formen des Zen-Trainings, die außerhalb des Zieles dieses Buches liegen. Es genügt zu erwähnen, dass es seit den Anfängen des Buddhismus immer schon Mönche und Priester innerhalb der Tradition gab und es an vielen Orten durchaus möglich ist, sein ganzes Leben mit Riten der monastischen oder priesterlichen Weihe formal der Suche nach Erleuchtung zu widmen. Dies macht einen jedoch nicht notwendigerweise zu einem Zen-Lehrer oder erlaubt einem geweihten Praktizierenden. jede Form von spiritucller Führung anzubieten.

EINEN LEHRER FINDEN

Verschiedenen Stammbäume des Zen bieten unterschiedliche Befugnisse und Ermächtigungen auf dem Weg zu einem voll ausgebildeten und erfahrenen Zen-Lehrer. Auf der Suche nach einem kompetenten spirituellen Führer in der Zen-Tradition ist es wichtig, einen Lehrer zu finden, der die entsprechenden Befähigungen (meist Dharma-Übertragung, auf Japanisch unterschiedlich *Denbo*, *Shiho* oder *Inka shomei* genannt) verfügt, die von einem Lehrer mit gutem Ruf innerhalb der gemeinhin anerkannten Schule kommt. Es gibt keinen seriösen Zen-Lehrer, der außerhalb eines Stammbaumes steht. Trotzdem ist eine Schule (wie bereits früher im Text diskutiert wurde) keine kristallklare Angelegenheit. Sogar unter allgemein anerkannten Schulen kann die Qualität von ursprünglich autorisierten Lehrern deutlich variieren, sodass es wichtig ist, einen Lehrer zu finden, mit dem man ein Vertrauensverhältnis aufbauen kann.

Es ist nicht die Arbeit eines Zen-Lehrers, unendlich gefällig und zugänglich zu sein. Zen ist keine evangelikale spirituelle Tradition und zieht keine Art von religiöser Missionierung nach sich. Tatsächlich ist das Gegenteil der Fall. Besonders in der Vergangenheit, aber in traditionelleren Settings auch heute noch war es für Suchende üblich, von Klöstern und Tempeln mindestens ein paar Mal abgewiesen zu werden, bevor man sie eher widerwillig eintreten und üben ließ. Erst nach Monaten oder sogar Jahren der scheinbar nebensächlichen Arbeit betrachtete man den Anwärter als ernsthaften Schüler des Weges, der Praxis verpflichtet, um endlich die Einführung in die geheimsten Methoden der psycho-spirituellen Ausbildung zu erhalten. Ein weiser Spruch, der oft von im Westen geborenen Lehrern verwendet wird, besagt, wenn es um den spirituellen Weg geht, ist es am besten, nicht damit zu beginnen, wenn man aber begonnen hat, ist es am besten, ihn auch zu beenden. Dieser Aphorismus bringt die Unerbittlichkeit auf den Punkt, die mit dem Beschreiten des Pfades dieser Tradition verbunden ist.

Das Zen-Training ist letztlich ein körperlich, psychologisch und spirituell forderndes Unterfangen. Es ist nicht immer bequem und leicht. Die körperlichen Prozesse der Zen-Praxis, wie etwa lange Zeit in stiller Meditation zu sitzen, kann körperliche Schmerzen hervorrufen oder Knie zum Knacksen bringen; die Voraussetzungen der Zen-Philosophie kann den Gleichgewichtssinn stören, da sie die grundlegenden Annahmen über die Realität, die man entwickelt hat, sowie die Methoden, die man erlernt hat, um mit ihr zurande zu kommen, infrage stellen. Zen-Training ist letztendlich ein religiöses Unterfangen, und seine Themen können mit bestehenden religiösen Erfahrungen, Verpflichtungen und Traumata in Konflikt kommen.

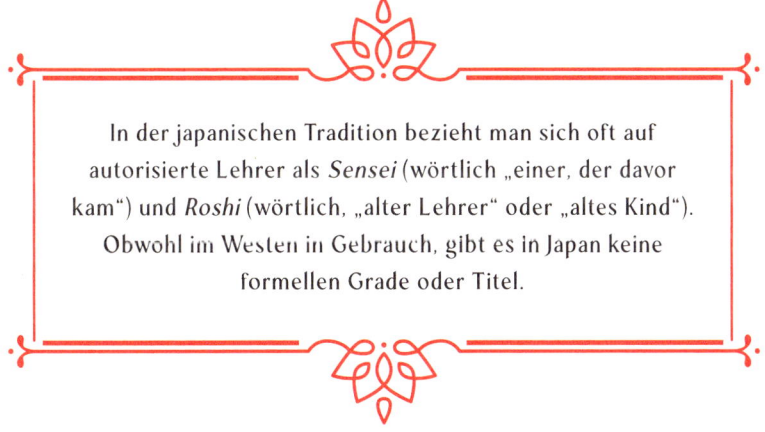

In der japanischen Tradition bezieht man sich oft auf autorisierte Lehrer als *Sensei* (wörtlich „einer, der davor kam") und *Roshi* (wörtlich, „alter Lehrer" oder „altes Kind"). Obwohl im Westen in Gebrauch, gibt es in Japan keine formellen Grade oder Titel.

Man sollte sich darüber im Klaren sein, dass man einen qualifizierten Zen-Lehrer finden muss, dem man das Vertrauen schenkt, dass er einen unterstützt und leitet, vor allem durch die Integrität der eigenen Praxis, aber auch mit seiner Fähigkeit, die gewonnenen Einsichten auf spezifische und nachvollziehbare Weise zu artikulieren. Der karmische Körper eines Lehrers und der eines angehenden Schülers greifen vielleicht nicht immer harmonisch ineinander, deshalb ist es wichtig, das Urteilsvermögen zu schärfen, wenn man sich einem Lehrer verpflichtet, und sich zu versichern, dass der Lehrer gleichermaßen verbunden ist, wenn er sich entscheidet, sich einem potenziellen Schüler zu verpflichten. Man darf nicht die Führung des erstbesten qualifizierten Lehrer nur aus Bequemlichkeit annehmen oder weil er sich gerade in der Nähe aufhält.

In der heutigen Zeit steht den Studenten eine große Anzahl an Übungspfaden zur Verfügung, was für vorhergegangenen Generationen noch unvorstellbar war. Während Zen-Zentren und Tempel in der westlichen Welt relativ verbreitet sind, meist dicht gedrängt in großen Städten (mit gelegentlichen Angeboten in ländlicheren Gegenden), haben es die modernen Methoden der Telekommunikation qualifizierten Lehrern ermöglicht, Studenten in Echtzeit und über große Entfernungen hinweg zu betreuen. So können sich Schüler mit qualifizierten spirituellen Führern des Zen, mit denen sie eine karmische Affinität teilen, weltweit verbinden.

Viele ausgebildete Zen-Lehrer bieten Trainingsformen online und in Mischform an, wodurch Zen heute zugänglicher ist als zu jeder anderen Zeit in der Geschichte. Mit Klausuren (*Zazenkai* und *Sesshin*), privaten Treffen mit Lehrern (*Dokusan* und *Sanzen*) und sogar dem Üben mit Zen-Fallstudien (*Koankufu*), die heutzutage online angeboten werden, können Zen-Schüler innerhalb einer etablierten Gemeinde eine beständige Praxis aufbauen, die mit einem qualifizierten Lehrer dann durch verschiedene persönliche Übungsmöglichkeiten leicht erweitert werden kann.

Man mag sich fragen, was mit dem Ausdruck „karmische Verbindung" gemeint ist, der hier in Bezug auf die gegenseitige Begegnung und Bindung von potenziellen Schülern und Lehrern genannt wird. Generell geht man davon aus, dass in einem echten Zen-Kontext der wahrscheinlich bekannte Begriff des *Karma* eine Kurzform des längeren Sanskrit-Ausdruckes *karma-vipaka* ist, der sich im Wesentlichen auf die letztendlich mysteriöse Mischung aus Bedingungen, Erfahrungen, Ursachen und Wirkungen bezieht, die sich harmonisch zu etwas Produktivem verbinden können. Es gibt keine verbindlichen Regeln, die entscheiden können, ob eine Schüler-Lehrer-Beziehung funktionieren wird oder nicht. Deshalb muss man neben den persönlichen Eigenschaften die Fakten der Qualifikation und der Historie eines Lehrers und den eigenen Zugang dazu mit in Betracht ziehen. Es ist wichtig, dem Ruf nicht zu viel oder zu wenig Bedeutung zuzumessen (in einer Welt, wo Meinungen und Informationen online in einer fast unendlichen Fülle vorhanden sind). Kurz gesagt, potenzielle Zen-Schüler sollten ihr Bauchgefühl erkennen und ihm vertrauen, bereit sein, herausgefordert und bestätigt zu werden, indem sie die allgemeinen Eigenschaften und Erfahrungen, die sie suchen, zur Kenntnis nehmen und nicht vorschnelle Verpflichtungen gegenüber einer Gemeinschaft oder einem Lehrer eingehen (und sich vor Gemeinschaften und Lehrern hüten, die ihrerseits schnell bereits sind, etwas zu tun).

ARBEITEN MIT EINEM LEHRER

Sobald ein Schüler mit einer Gemeinschaft und einem Lehrer verbunden ist, mit dem er eine karmische Affinität und ein Potenzial gefunden hat, mögen die nächsten Schritte vielleicht etwas unklar erscheinen. Es genügt zu sagen, dass die Zen-Tradition voll von rituellen und zeremoniellen Dingen ist, die sich auf Bemühungen, Verpflichtungen und Erfahrungen beziehen, während das regelmäßige Erscheinen zum Üben die Praxis ausmacht. Was den Aufbau einer formellen Beziehung zu einem Lehrer betrifft, gibt es oft einen bestimmten Ritus (häufig unter dem Namen *Shoken*), der die Verpflichtung begleitet. Manche Gemeinschaften verfügen über sehr klare Prozesse und kodifiziertes Benehmen, an diese Riten heranzugehen, andere nicht. Im Mittelpunkt der verschiedenen möglichen Traditionen steht jedoch immer der Akt der Bitte. Seit der Antike haben buddhistische Lehrer und Mönche die Verpflichtung, nur jenen Unterricht anzubieten, die ausdrücklich darum bitten.

In vielen von Japan ausgehenden Schulen ist das Bitten um die formelle Führung durch einen Lehrer einfach: Herantreten an ihn in einer Privataudienz (Dokusan), dreimaliges Verbeugen und als Geschenk eine Box mit Räucherwerk (das traditionell die formelle Bitte symbolisiert). Der Akt der Bittstellung ist jedoch in den meisten Fällen nicht nur symbolisch, und der Einschätzung des Lehrers über die aufkeimende Verbindung muss genügend Raum eingeräumt werden, damit eine wahrhafte Beziehung Wurzeln bilden kann.

Wenn es für jemanden an der Zeit ist, die formelle Bitte auszusprechen, Schüler eines bestimmten Lehrers zu werden, kennt er aller Wahrscheinlichkeit die Antwort auf diese Bitte schon.

In manchen Schulen wird die formelle Beziehung zu einem Lehrer durch den Ritus des *Jukai*, auch bekannt als buddhistische Laiengebote, begründet. Während des Jukai (der im nächsten Kapitel ausführlicher behandelt wird) geht ein Schüler eine Reihe von Verpflichtungen ein und erhält eine Vielzahl an Übungsrichtlinien (die Gebote sind). Oft bekommen sie auch einen buddhistischen Namen, der im Kontext mit den Zen-Übungen verwendet wird (ein Überbleibsel des ausdrücklich monastischen Ursprungs aller Schulen des Buddhismus). In diesem Fall, ähnlich wie beim Ritus des Shoken, muss ein Schüler zu gegebenem Zeitpunkt um den Erhalt der Gebote oder Jukai ausdrücklich bitten.

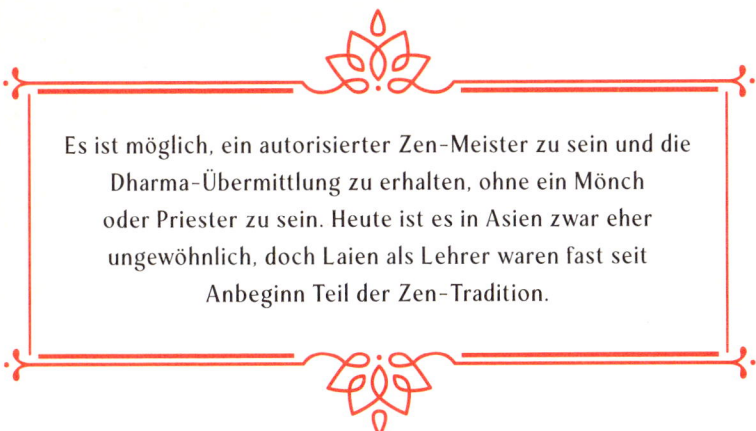

Es ist möglich, ein autorisierter Zen-Meister zu sein und die Dharma-Übermittlung zu erhalten, ohne ein Mönch oder Priester zu sein. Heute ist es in Asien zwar eher ungewöhnlich, doch Laien als Lehrer waren fast seit Anbeginn Teil der Zen-Tradition.

Wenn eine Beziehung zu einem qualifizierten Lehrer hergestellt ist, werden wahrscheinlich Fragen über die Art der Beziehung und wie sie im Laufe des praktizierenden Lebens eines Zen-Schülers funktioniert, auftauchen. Obwohl die Funktionen eines Lehrers auf hohem Niveau eingangs in diesem Kapitel bereits erörtert wurden, sollte man wiederholen, dass die wichtigste und primäre Verpflichtung eines Lehrers die Funktion als Katalysator zum Erwachen des Schülers ist. Zen hat kein anderes Ziel als das Erkennen und die Manifestation eines erwachten Lebens. Und obwohl die Rolle eines Zen-Lehrers, insbesondere für einen Laienschüler, nicht die ist, ausdrücklich führend auch in Angelegenheiten außerhalb der Zen-Praxis zu sein, kann es manchmal schwierig werden, die Grenzen dieser Praxis zu definieren. Deshalb wird ein ordentlich ausgebildeter Zen-Lehrer selten ein Benehmen oder Verhalten vorschreiben, sondern eher versuchen, den für die Zen-Tradition charakteristischen Dialog anzustreben, der konstruktiv, analytisch oder einfach wissbegierig sein kann, und so den Schüler zu einer erwachten Wahrnehmung hinführt, sodass dieser möglichst spontan eine weise Handlung setzen kann.

Verschiedene Lehrer und Gemeinschaften werden unterschiedliche Formen und Methoden der Verbindung mit der Gemeinschaft sowie dem

Lehrer anbieten. Die häufigste Form der Zusammenarbeit mit einem Zen-Lehrer besteht darin, seine Unterweisung bei öffentlichen Übungen wie einem wöchentlichen Zusammentreffen oder Klausuren (wo öffentliche Ansprachen, die häufig *Teisho* genannt werden) oder auch bei regelmäßig abgehaltenen privaten Treffen (Dokusan), die oft im Zeitplan einer Klausur oder auch in monatlichen Kalendern der Zen-Zentren aufscheinen, zu erhalten. In zunehmendem Maße werden auch regelmäßig angesetzte Lehrzeiten (auch im Internet) angeboten, die sogenannten *Daisan*. Es ist äußerst wichtig für ernsthafte Zen-Schüler, die das Erwachen anstreben, so viele regelmäßige Kontakte wie möglich mit ihrem Lehrer, der Übungsgemeinschaft und ihren persönlichen meditativen Disziplinen zu haben. Je besser der Kontakt beim Praktizieren aufrechterhalten wird, desto größer ist die Wahrscheinlichkeit, einen Blick auf das Erwachen zu erhaschen und so das eigene Leiden ins Verweilen im Nirwana zu verwandeln, was das Ziel der Übungen sein sollte.

DIE EIGENE BEZIEHUNG MIT EINEM SPIRITUELLEN FÜHRER ERKUNDEN

Reflektieren Sie Ihre Beziehung zu spirituellen Lehrern, Leitfiguren und Geistlichen in Ihrem Leben. Die Bedeutung der Schüler-Lehrer-Beziehung in der formellen Zen-Praxis ist unbestritten. Es ist eine Tatsache, dass viele Menschen, die zum Zen kommen, dies als Konvertiten aus anderen Traditionen tun, in denen sie sowohl gute als auch schlechte Erfahrungen mit Geistlichen gemacht haben können. Über diese Erfahrungen und Positionen nachzudenken, kann Ihnen auf dem Zen-Pfad helfen oder Sie behindern. Denken Sie daran, eine gesunde Skepsis ist immer willkommen.

- Auf welche Fragen wäre es Ihnen wichtig, eine Antwort zu erhalten, bevor Sie sich entscheiden, ein spirituelles Leben in einer Zen-Gemeinschaft in Betracht zu ziehen?

- Welchen Gewinn erhoffen Sie sich durch eine mögliche Zusammenarbeit mit einem Lehrer?

- Wo glauben Sie, könnten Probleme auftreten?

- In welchen Bereichen oder auf welche Weise könnte sich Ihren Vorstellungen nach so eine Beziehung als leicht oder sogar erleuchtend erweisen?

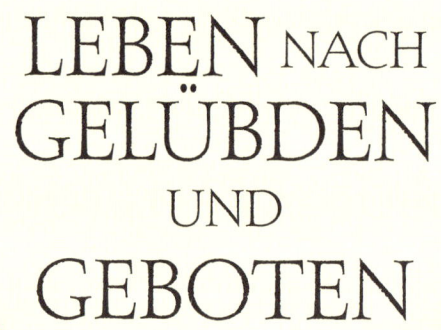

KAPITEL 4

LEBEN NACH GELÜBDEN UND GEBOTEN

Wie die spirituelle Ausrichtung der Schüler-Lehrer Beziehung ist das Leben mit Gelübden – die Praxis der Gelübde – seit Anbeginn Teil des buddhistischen Pfades. Sie werden meist von qualifizierten Personen der Zen-Linien oder sogar in Präsenz mehrerer Zeugen (je nach spezifischer Schule) abgelegt und gehören grundlegend zu jeder Zen-Praxis. Tatsächlich bildet das Bekenntnis zu Gelübden üblicherweise die Grundlage, um sich selbst als formeller Schüler des Zen-Pfades zu etablieren.

Gebote liegen im Bereich der buddhistischen Praxis der sogenannten Dreifachen Schulung (*Trisiksa* in Sanskrit). Diese lehrt, dass die Schulung in den Tugenden (*Sila*), hauptsächlich durch moralische Überlegungen und ethisches Verhalten, die durch die Praxis der Gelübde hervorgerufen werden, zu konzentrierter Aufmerksamkeit (*Samadhi*) führt, was im Gegenzug die Weisheit der erwachten Sicht (*Prajna*) durch die Praxis des Bewusstwerdens, der Akzeptanz und der Übereinstimmung mit der Wirklichkeit hervorbringt. Diese erwachte Weisheit oder *Prajna* ist die Wurzel, aus der die Tugend als harmonische Antwort auf das Bewusstwerden und die Akzeptanz der Wirklichkeit wächst. So wird Sila zu Samadhi, das Prajna hervorruft und sich schließlich wieder als Sila manifestiert. Man kann daher davon ausgehen, dass die Praxis der Gelübde am Beginn und am Ende des Weisheitszyklus steht und sich sowohl für Verblendete als auch für Erwachte eignet. Tatsächlich ist die Praxis der Gebote in vielerlei Hinsicht nicht zu unterscheiden vom Führen eines erwachten Lebens, obwohl oft viele Jahre Arbeit mit den Geboten nötig sein können, um sich dem Verständnis der Nuancen anzunähern.

DIE KORRELATION DER DREIFACHEN ÜBUNG (TRISIKSA) UND DAS SUBLIME TRAINING IM BUDDHISMUS

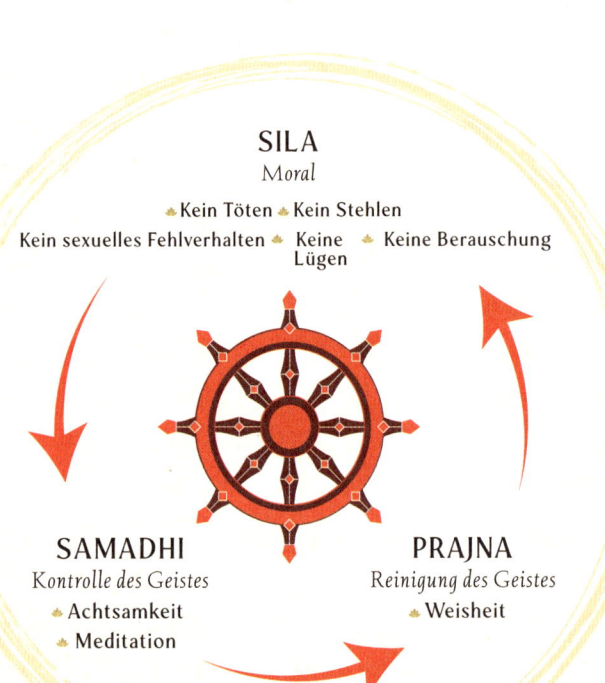

SILA
Moral

Kein Töten · Kein Stehlen
Kein sexuelles Fehlverhalten · Keine · Keine Berauschung
Lügen

SAMADHI
Kontrolle des Geistes
· Achtsamkeit
· Meditation

PRAJNA
Reinigung des Geistes
· Weisheit

ERHALTEN DER GEBOTE

Die formale Übernahme der buddhistischen Zen-Gebote im Ritus des Jukai ist oft der erste echte Schritt auf dem Weg zur formalisierten Zen-Praxis. In den meisten Zentren setzt die Teilnahme am Jukai voraus, dass man sich mit den grundlegenden Praktiken einer bestimmten Gemeinschaft und deren spezifischer Zen-Linie vertraut macht sowie eine Affinität zu diesen Praktiken aufbaut. Danach sollte man einige Zeit am Leben der Gesellschaft teilnehmen, sodass sich eine beiderseitige Unterscheidung zwischen dem Individuum, der Gemeinschaft und dem Lehrer in Bezug auf die Angemessenheit einer vertieften gegenseitigen Verpflichtung einstellt.

Während des Jukai wird den frischgebackenen Zen-Schülern in der Regel ein latzähnliches Gewand (oder *Rakusu*) überreicht, das die großen Kutten der Mönche und Priester symbolisiert, die diese seit Buddhas Zeiten bei ihrer Ordination als primäre Kleidung erhalten. Neben dem Rakusu wird dem Schüler oft ein Dharma-Name (oder *Homyo*) verliehen, der dazu inspirieren soll, die dem Namen eigenen Eigenschaften in ihre Praxis einzubeziehen. Traditionellerweise übernehmen Mönche und Priester den Dharma-Namen als Zeichen des Verzichts als ihre primäre Identität an. Für einen Laien in der modernen Welt gibt es viele Wege, sich auf seinen Dharma-Namen zu beziehen, der sich mit der Zeit auch ändern kann. In manchen Zen-Linien ist es üblich, sich als Teilnehmer des Jukai seinen Rakusu in den Wochen vor der Zeremonie selbst zu nähen. Obwohl Rakusu und Homyo (meist auf dessen Rückseite eingeschrieben) die vielleicht greifbarsten und sichtbarsten Zeichen des Jukai darstellen, sind sie letztendlich nur eine Repräsentation einer bedeutenden Verpflichtung zu Introspektion und erwachtem Handeln.

In den meisten japanisch geprägten Schulen sind die Verpflichtungen dreifach. Sie beinhalten die Zuflucht zu den Drei Juwelen und das Einhalten der zwei Gruppen von Gelübden – den Drei Reinen Geboten und den Zehn Ernsten Geboten. Dies ist einzigartig, denn in den meisten buddhistischen Schulen ist es für Laien-Anhänger üblich, Zuflucht zu den Drei Juwelen zu suchen und nur das Gelübde für die fünf ersten der Zehn Ernsten Gebote abzulegen. Alles, was darüber hinausgeht, umfasst meist den Eintritt in eine monastische oder priesterliche Gemeinschaft. Aus einer Reihe von besonderen philosophischen und sozio-politischen Gründen (zu umfangreich, um sie hier zu beschreiben) sind in Japan die sechzehn Verpflichtungen des Jukai für Ordinierte und Laien dieselben, wobei die Geweihten sich lediglich zu einem spezielleren Bereich bekennen, in dem sie ihre Übungen ausführen, und zwar in einem Ritus, den man damals *Shukke tokudo* nannte – wörtlich das „Verlassen des Heimes" –, der den Eintritt in den Priesterorden bestimmt.

Das Wort jukai besteht aus *ju*, „erhalten", und *kai*, das in etwa „Regel" bedeutet, sodass die wörtliche Bedeutung „die Gebote erhalten" lautet. In dieser öffentlichen Zeremonie wird der Zen-Laienbruder offiziell auf dem Pfad willkommen geheißen und empfängt die Gebote. Zu diesem Zeitpunkt erhält der Schüler auch seinen Dharma-Namen, der ihm helfen soll, dessen Eigenschaften in die Praxis umzusetzen.

Die gemeinsame Verpflichtung zum Leben durch Gelübde sowohl bei Laien als auch ordinierten Schülern ist ein einzigartiges Merkmal des Zen-Buddhismus, wobei immer wieder betont wird, dass das Erwachen das einzige Ziel der Zen-Praxis ist. In der älteren buddhistischen Sicht ist das Erwachen in erster Linie Sache der Mönche, während sich Laien bemühen sollten, ein frommes Leben zu führen und die Gemeinschaft der Priester in ihrem Bemühen zu unterstützen. Zen macht keinen solchen Unterschied. Zen zu praktizieren bedeutet, nach Erwachen zu streben, alles andere kann man nicht mit Recht als Zen bezeichnen, insbesondere in der Sicht der meisten Zen-Linien, die erfolgreich im Westen implantiert wurden und dort Wurzeln schlugen.

PRAXIS DER GEBOTE

Da die spezifische Natur des Jukai, die vielen Zen-Traditionen gemeinsam ist, drei Gruppen von Verpflichtungen beinhaltet, ist es hilfreich, die Praxis der buddhistischen Zen-Gebote zu untersuchen und dabei jedes Element der Verpflichtungen des Jukai, nämlich die Dreifache Zuflucht, die Drei Reinen Gebote und die Zehn Ernsten Gebote, getrennt zu besprechen.

DIE DREIFACHE ZUFLUCHT

In der Geschichte des Buddhismus entwickelte sich die Nachfolge des Buddha in mehreren Phasen. In der ersten Phase wurde der angehende Schüler einfach durch das Aussprechen des Satzes „Komm, Mönch" von Buddha empfangen. Danach erfolgte ein buchstäblicher Verzicht auf weltlichen Reichtum, Status und Wohnstätte, da der Suchende tatsächlich ein wandernder Anhänger des Buddha wurde. Nach und nach, als Buddhas Anhängerschaft wuchs, musste man jedoch formeller werden, um das Verständnis der tatsächlichen Verpflichtungen, die mit der Teilnahme am Studium und der Umsetzung der Lehre Buddhas in einem gemeinschaftlichen Rahmen einhergehen. In dieser Zeit wurde die Formel entwickelt, die bis zum heutigen Tag gilt, dass eine Person, die formell ein Buddhist werden will, Zuflucht zu den Drei Juwelen (oder *Triratna*) – Buddha, Dharma und Sangha – sucht.

In ihrem ursprünglichen Kontext bezogen sich die Drei Juwelen auf die tatsächliche Person des Shakyamuni Buddha, seine Lehren (Dharma) und die Gemeinschaft der monastischen Anhänger (Sangha). Während der mehr 2.500 Jahre währenden Entwicklung haben die Drei Juwelen eine nuanciertere Bedeutung angenommen. In diesem Sinne und in Anlehnung an die Zen-Lehre kann man Buddha als die eigene intrinsische (wenn auch noch nicht manifestierte) erwachte Natur betrachten, aber auch als den gesamten Körper der Realität, deren Teil man ist. Eine Lehre des *Mahayana-Buddhismus*, bekannt als *Trikaya* oder Drei-Körper-Lehre, besagt, dass der historische Buddha Siddhartha Gautama im Bereich der Geschichte und der Fakten (das heißt der relativen Welt – *Nirmanakaya*) existiert, aber dann den Körper des Buddha erweitert, um den Bereich des Unendlichen und Absoluten (*Dharmakaya*) sowie der Imagination und des hohen Zieles (*Sambhogakaya*) mit einzuschließen. Somit wird Buddha als Metapher für die Wirklichkeit verstanden.

DIE DOKTRIN DES TRIKAYA

Nirmanakaya

Buddha
als Person

Starb mit 80 Jahren

*Der Körper der Geschichte
und des Faktums*

Sambhogakaya

Buddha
als Ideal

*Archetypischer
Buddha*

*Der Körper der
Imagination und des Strebens*

Dharmakaya

Buddha
als Realität

*Erfahrung der
ultimativen Wahrheit*

*Der Körper des
Unendlichen und Absoluten*

Dharma ist ein relativ komplexes Wort. Es wird zwar in Bezug auf die tatsächlichen Lehren des Shakyamuni Buddha meistens als „Lehre" oder „Gesetz" übersetzt, doch es beinhaltet auch die Bedeutungen von „mentaler Eigenschaft", „äußerlichem Phänomen" und sogar „Pflicht". Obwohl man sich zwar um die Anwendung der Lehren und der Philosophie des Zen bemühen muss, kann man wiederum Dharma auch als Beschreibung der Realität selbst und der Verpflichtung ihr gegenüber verstehen.

Letztendlich bezieht sich Sangha auf die Gemeinschaft der Anhänger des Buddha Dharma. Im ursprünglichen Kontext bezog sich dies explizit auf ordinierte Priester und Mönche als Gemeinschaft von weisen Führern, und unter diesen bezog es sich auf die gemeinschaftliche Verpflichtung und das gemeinsame Bemühen. Im modernen westliche Kontext wird Sangha häufig auf die gesamte Masse der buddhistischen Anhänger angewandt, aus der man, im Hinblick auf die gemeinsame Arbeit in der Kultivierung des Erwachens, Inspiration und Unterstützung ziehen (aber auch zurückgeben) kann. Diese eher egalitäre Einstellung ist im buddhistischen Ethos zwar relativ neu, hat aber rund um die Welt wirksam Wurzeln geschlagen.

Eine hilfreiche Analogie, um die offenkundige Anwendung der Zuflucht zu Buddha, Dharma und Sangha besser zu verstehen, könnte der Vergleich der spirituellen Reise mit einem Roadtrip sein, bei dem Buddha oder das Erwachen selbst das Ziel sind, Dharma als Landkarte und Sangha als Reisegesellschaft fungiert, die beim Lesen der Karte hilft oder von Zeit zu Zeit sogar fährt. Ein subtileres und esoterisches Verständnis der Dreifachen Zuflucht könnte sein, Zuflucht in, aus und mit dem Leben zu suchen; in der innewohnenden Vollkommenheit der Realität zu verweilen, auf ihrem Weg mit ihrer und nichts als ihrer Unterstützung.

In allen buddhistischen Schulen ist das dreimalige, laute Zitieren der Dreifachen Zuflucht vor einem bevollmächtigten buddhistischen Repräsentanten (oder unter extremen Umständen vor einem Bild Buddhas oder einfach mit der Absicht, Buddha zu werden) der Akt, durch den man formal zum Anhänger Buddhas – ein Buddhist – wird. Dieser Akt wird zwar häufig in der Sprache des angehenden Schülers durchgeführt, bei formellen Zeremonien jedoch in Pali, dem Sanskrit-Dialekt, der der Sprache von Siddhartha Gautama am nächsten ist:

Buddham Saranam Gacchami
Ich nehme Zuflucht zu Buddha – dem Erwachten –
nicht anders als meine eigene innere Natur

Dhammam Saranam Gacchami
Ich nehme Zuflucht zum Dharma –
der Erleuchteten Lehre und der Wirklichkeit selbst

Sangham Saranam Gacchami
Ich nehme Zuflucht zum Sangha—
der Höchsten Spirituellen Gemeinschaft

BUDDHA   DHARMA   SANGHA

DIE DREI REINEN GEBOTE

Die Drei Reinen Gebote haben in der buddhistischen Geschichte eine lange Tradition und sind sowohl in frühe buddhistische Quellen (wie dem Dhammapada) als auch in spätere Schriften (wie dem Brahmajala Sutra) eingebettet. Sie enthalten den Geist, in dem Zen-Schüler sich in der Welt bewegen sollten, indem sie nichts Böses tun, gute Taten vollbringen und im Dienste aller stehen, in welchem Stadium des Erwachens sie sich auch befinden. Die Drei Reinen Gebote werden häufig so formuliert:

Ich gelobe, allem Bösen zu widersagen.
Ich gelobe, nur Gutes zu tun.
Ich gelobe, zum Wohle aller Wesen zu handeln.

Konzepte in viele Sprachen und Kulturen zu übersetzen ist eine schwierige Aufgabe, die oft mehr Erklärungen erfordert, als eine wörtliche Übersetzung bieten kann. So benötigt das „Böse" in den Drei Reinen Geboten wahrscheinlich eine nähere Erläuterung. Im buddhistischen Kontext kann man das Böse als ein Ergebnis der uneingeschränkten Verwirklichung der sogenannten Drei Gifte, Gier, Zorn und Ignoranz, verstehen. Im Zen-Buddhismus ist das Böse nicht ein für sich selbst existierendes Phänomen, sondern eher eine Kombination von Bedingungen, die in einem unbeholfenen Verhalten enden. Handlungen und Gesinnung als Resultat von Gier, Zorn und Ignoranz münden häufig in immensem Leiden, dem eigenen und dem der anderen. Handlungen, die aus Gier, Zorn und Ignoranz resultieren, kann man als das Böse bezeichnen. Allem Bösen zu widersagen bedeutet, nach der Weisheit zu streben, die die Ignoranz erleuchtet, den Zorn umwandelt und die endlose, sehnsüchtige Gier sättigt; kurz gesagt, so strebt man nach dem Guten. Erfüllt mit der Weisheit, die das Böse mindert und das Gute offenbart, versteht man ganz selbstverständlich den Zustand als grundlegend voneinander abhängigen Wesen, die nur für sich oder sogar als sie selbst leben können und so zum Wohle aller Wesen leben, wobei man selbst (als Individuum) im kollektiven Körper mit eingeschlossen ist.

> Außerhalb der japanischen Tradition übernehmen Mönche und Nonnen meist eine Zahl an Geboten, die in die Hunderte geht. Viele dieser Gebote beziehen sich spezifisch auf die Welt, wie sie zur Zeit und am Ort der ursprünglichen Lehren Buddhas existierte. Heute muss man sie für das Vorhaben neu interpretieren.

Im Wesentlichen sind die Drei Reinen Gebote Gelübde zum Erwachen. Nachdem man Zuflucht in der Realität gesucht hat, laden die Gebote ein, an diesem Zufluchtsort die eigene wahre Natur zu finden, die bereits manifest ist und nur darauf wartet, erkannt zu werden. Die Drei Reinen Gebote fungieren deshalb als Spiegel, in dem sich die gesamte Realität wiederfindet und der uns erlaubt, sich beim Praktizieren abzumühen, bis wir die grundlegende Einheit dessen erkennen, wo wir sind und wohin wir zu gehen glauben. Da dies etwas abstrakt erscheint, fügen die Gelübde des Jukai weitere Ebenen der Handlungsfähigkeit zur Praxis hinzu, in der Hoffnung, dass das erfolgreiche Eindringen in die Sichtweise, auf die jede dieser Ebenen hinweist, helfen wird, in alle gleichzeitig Eingang zu finden.

DIE ZEHN ERNSTEN GEBOTE

Die zehn Ernsten Gebote beinhalten das *Pancasila* (die Fünf Gebote, die buddhistische Schüler seit der Zeit Buddhas erhalten). Dabei handelt es sich um spezifisch ethische und achtsame Lehren, die anleiten, die Macht des Geistes an die Zügel zu nehmen, um tief in das tägliche Leben zu blicken, nicht nur um Handlungen zu vermeiden, die aus Gier, Zorn oder Ignoranz erwachsen (mit dem Bösen als Ergebnis, das einen selbst und anderen schadet), sondern auch im Dialog mit größeren Themen zu bleiben, wie dem Wert des Lebens, den Grenzen des Besitztums, der Macht der Sexualität, der Natur der Wahrheit und der Bedeutung der Nüchternheit.

Man sollte hier anmerken, dass in typisch westlichen Kontexten, die dazu neigen, sich auf vertraute kulturelle Themen verlassen, die oft tief von jüdisch-christlichem Gedankengut beeinflusst sind, Gebote oft gleichgesetzt werden mit Befehlen, was man aber nicht tun sollte. Wie in Kapitel eins besprochen war Buddha ein an Gelegenheiten gebundener Lehrer. Das bedeutet, dass seine Lehren die Annahmen und Bedürfnisse eines bestimmten Publikums in einem spezifischen Kontext reflektierten. Die Lehre Buddhas wurde nicht ein für alle Mal gepredigt, sondern mit einem innigen Bewusstsein der Veränderung als einzige Konstante im Leben der materiellen Welt vorgetragen. Tatsächlich wuchs in der monastischen Gemeinschaft die Anzahl der zu befolgenden Gebote während Buddhas Leben immer mehr an. Im *Mahaparinirvana Sutra* wird berichtet, dass die Schüler Buddhas am Ende seines Lebens nicht nur fragten, wer ihr Lehrer in seiner Nachfolge sein sollte, sondern auch, welche seiner Gebote sie weiterhin befolgen sollten. Buddha antwortete, seine Schüler müssten lernen, Leuchten unter sich zu werden, die wichtigen Regel aufrechterhalten, die unwichtigen fallen lassen und darauf verzichten, weitere autoritäre Richtungsanweisungen zu geben. Die Gebote und Praktiken, die bis heute andauern, sind jene, die buddhistische Praktizierende und Anhänger über die Zeiten hinweg als außerordentlich und andauernd nützlich auf der Suche nach dem Erwachen fanden, und sie dienen eher als Hilfsmittel denn als Gesetze, um den Wert oder die Aufnahme zu bestimmen.

Gebote sind fakultative Leitlinien für eine Praxis, wahrscheinlich in Gemeinschaften, die nicht Abbildungen von jenseitigen Hierarchien und Realitäten, sondern im Hier und Jetzt existieren, so diese tatsächlich existieren. Die einzige Strafe, die für das Brechen der Gebote verhängt wird, ist diejenige, die gemäß den Prinzipien von Karma-Vipaka, bedingter Kausalität und Wirkung, die sie auslösen oder mit denen sie sich überschneiden, verhängt werden kann. Das Ziel der Gebote ist nicht so sehr die moralische Übereinstimmung mit einem überirdischen Wesen, sondern das Kultivieren eines innigen Bewusstseins der Bereiche des Lebens, die Konsequenzen nach sich ziehen.

Während ernsthaft erteilte und gemeinhin anwendbare Leitlinien für den Zen-Pfad existieren, gibt es nur wenige absolute Regeln mit zahlreichen Ausnahmen (deshalb wieder die zentrale Rolle des Zen-Lehrers, der den Übungspfad anzeigt, insbesondere in der Anfangsphase). Wenn das Herz wahrhaft gewillt ist, Zen in jedem Stadium zu studieren, das heißt die karmische Affinität gefunden hat, gibt es keine bessere Zeit als den Augenblick, um den Pfad des Erwachens zu betreten.

Die ersten Fünf Gebote werden meist wie folgt übersetzt:

- 🪷 Ich gelobe, nicht zu töten.
- 🪷 Ich gelobe, Nichtgegebenes nicht zu nehmen.
- 🪷 Ich gelobe, Sexualität nicht zu missbrauchen.
- 🪷 Ich gelobe, nicht zu lügen oder schlecht zu reden.
- 🪷 Ich gelobe, keine Rauschmittel zu verwenden.

Scherzhaft könnte man darauf hinweisen, dass die genaue Auslegung dieser Gebote in Ursprungssprache und -kontext spezifisch verbietet, erleuchtete Wesen (nämlich Buddhas) zu töten, etwas zu stehlen, das mehr als das „Gewicht von vier Reiskörnern in Gold wert ist (etwa 1/24 einer Feinunze – ca. 75€ zum heutigen Zeitpunkt) ist, speziell für Männer, sexuelle Aktivitäten ausüben, zu lügen, indem man behauptet, erleuchtet zu sein, obwohl man es nicht ist, und Rauschmittel zu konsumieren. Wäre es nun also eine ratsame Praxis für Buddhisten, den Nachbarn umzubringen, seine Schuhe zu stehlen, abzustreiten, das getan zu haben oder einen Joint zu rauchen? Natürlich nicht! Diese Gebote auszusprechen, setzt eine Moral voraus, die einem kulturellen Kontext innewohnt, der nicht von einer religiösen Gemeinschaft artikuliert werden musste, sondern diese Leitlinien zielten auf das Leben innerhalb einer bestimmten Gemeinschaft und hielten deren Harmonie aufrecht, indem sie besondere Themen ansprachen, die von Zeit zu Zeit auftauchten.

Das macht es leicht zu verstehen, dass Ursprung und Absicht dieser Gebote nicht globale Bedeutung hatten, sondern mit der Zeit und durch die Praxis vieler, vieler Menschen über Tausende von Jahren zu verfeinerten Methoden einer erwachten Prüfung von Handlungen und Annahmen führte. Im Kern verlangt die Praxis der ersten Fünf Gebote, darauf zu achten, dass man in einem komplexen Netz von gegenseitiger Abhängigkeit mit anderen, in dem Personen, die Dharma praktizieren können, sowohl selten als auch wertvoll sind und Leiden und Befreiung allgemeine Verbreitung finden. Diese Gebote fordern dazu auf, zu erkennen, dass alle Dinge, nicht nur fühlende Wesen, zusammengesetzten Phänomenen entspringen und dass das Beste, was man tun kann, ist, sich gut um die Dinge zu kümmern, die einem für eine Zeit lang anvertraut wurden. Die Gebote weisen auf die bedeutende Macht der Sexualität hin, die sowohl fähig ist, Bande zu schmieden, Lust zu gewinnen und Leben zu schaffen, als auch das Potenzial hat, Leiden hervorzurufen, körperliche und mentale Krankheiten zu übertragen und das Denken zu deformieren. Indem man mit diesen Geboten arbeitet, wird die Möglichkeit eröffnet, die komplexe Natur der Realität zu verstehen und damit deren Fähigkeit, auf eine Art und Weise wahrgenommen und reflektiert zu werden, die auf Ziele hinarbeitet, die im Gegensatz zum Erwachen stehen. Man wird mit diesen Geboten dazu gebracht, die Klarsichtigkeit und Nüchternheit zu schätzen, die man braucht, um mit dem Fluss der Realität in Kontakt zu bleiben, sodass man auf sie in harmonischem Einverständnis antworten kann und dabei Gier, Zorn und Ignoranz nicht Wurzeln schlagen lässt.

Die zweite Gruppe der Fünf Gebote, die gemeinsam die Zehn Ernsten Gebote darstellen, wird meist wie folgt übersetzt:

- 🌺 Ich gelobe, keine üble Nachrede zu äußern.
- 🌺 Ich gelobe, mich nicht selbst auf Kosten anderer zu loben.
- 🌺 Ich gelobe, nicht habgierig zu sein.
- 🌺 Ich gelobe, keinen Groll zu hegen.
- 🌺 Ich gelobe, die Drei Schätze nicht herabzuwürdigen.

Wieder dringt man hier noch tiefer in eine spezifische, relative Anwendung der allgemeinen Aufforderungen der Gebote ein. Wir sollten auf die Macht unserer Zunge achten und uns davor hüten, das Selbstkonzept auszudehnen und zu konkretisieren (insbesondere in Bezug auf andere). Man gelangt durch die Gebote zur Erkenntnis, dass Gier nicht nur im Großen existiert, sondern auch in subtilen und hinterhältigen Mustern, die einen langsam aufzehren. Man ist gut beraten, die zeitweisen Gefühle in Bezug auf Phänomene, an denen man am meisten hängt (unsere Haltung gegenüber jenen, die uns anscheinend unrecht getan haben), nicht dauerhaft werden zu lassen. Letztendlich erinnern die Gebote auch an bestehende Verpflichtungen, die man nicht aufgeben sollte, und daran, die Realität nicht zu verdammen, wenn man mit ihr nicht im Einklang steht.

Wie es nun vielleicht bereits offensichtlich ist, besteht die Praxis der Gebote im Wesentlichen darin, die Realität in einem Prozess zu überprüfen, indem man die gewohnheitsbedingten Annahmen aufgibt, mit karmischen Konsequenzen klug umgeht und nicht fehlgeleitete Ansichten über die Realität wiederbelebt. Wie vielleicht bereits deutlich geworden ist, sind die Gebote keine einfachen Anordnungen gegen bestimmte Verhaltensweisen, und als solche können sie unmöglich strikt befolgt oder mit Leichtigkeit gebrochen werden, sondern erfordern eine dialektische, kontemplative und kontinuierliche Beziehung. In Zeremonien, die einigen Zen-Schulen gemeinsam sind, werden die Instruktionen oft während des Jukai gegeben, sodass jedes der Gebote, zu denen man sich verpflichtete hat, bereits gebrochen wurden, bevor der Tag zu Ende geht. Was soll man also tun? Das Zen-Paradigma ist kein kontinuierlicher, geradliniger Fortschritt wie bei anderem modernen Streben, sondern eine amorphe Ausdehnung und Kontraktion, die einer exakten Definition und Bewegung in derselben Weise trotzt, wie die Realität Stabilität und Beständigkeit verneint. Damit ist gemeint, dass Zen die Realität immer und immer wieder widerspiegelt.

Es gibt viele Arten, die Gebote in andere Sprachen zu übersetzen und anzuwenden. Da buddhistische Schriften in China, Japan, Korea und Vietnam durch grafische Zeichen wiedergegeben werden, ist es schwierig, sie in einzelne Wörter zu übersetzen. Konsultieren Sie mehrere Übersetzungen, um das Gefühl zu bekommen, was im ursprünglichen Kontext übermittelt werden sollte.

Die Praxis der Gebote und ein Leben mit Gelübden sind Methoden, um die Befreiung durch absichtliche Einhaltung von Grenzen zu erreichen. Diese sind jedoch nicht mehr als Rüttelstreifen auf der Autobahn und dienen dazu, die Praktizierenden auf der Reise zur Erleuchtung auf dem gut gepflasterten, klaren Pfad zu halten, nicht wie Schienen, die nur eine exakte Bewegung entlang einer einzigen Route erlauben; auch nicht wie unpassierbare Leitplanken, sondern sie weisen durch vernehmbare Geräusche auf die herannahende Gefahr hin, wie das Bankett einer Straße. Sollte man unabsichtlich vom Kurs abkommen, alarmieren einen die Rüttelstreifen, den Kurs zu korrigieren, doch wenn man absichtlich von der Straße abkommt, aus welchen Gründen immer, sind sie kein Hindernis.

Die Hoffnung der Zen-Lehrer besteht darin, dass angehende Schüler den Pfad nur verlassen, um anderen zu helfen, die vielleicht gestrauchelt oder vom Weg abgekommen sind, doch tatsächlich wissen alle Lehrer, dass Neulinge dazu tendieren, die Grenzen ihrer Fahrzeuge auszutesten, und dass sogar geschulten Fahrer Augenblicke von Unaufmerksamkeit passieren, die zumindest die Rüttelstreifen der Gebote in Aktion setzen. Praxis ist nicht gleichzusetzen mit Perfektion, sie ist eher ein Synonym für Absicht und Aufmerksamkeit, deren Vervollkommnung dazu dienen kann, nahezu jede Herausforderung zu meistern. Das ist das Leben mit Geboten und Gelübden.

Ein Zen-Schüler, der das Gewand und den Rakusu trägt (links), neben dem Lehrer im traditionellen Gewand eines Zen-Meisters, der keinen Rakusu mehr trägt (rechts). Es ist zu beachten, dass rote Gewänder (in vielen Traditionen) nur von Meistern und nicht von Schülern getragen werden, außer in der Vajrayana-Sekte. Die Farbe der Gewänder und des Kesa/Rakusu ist in der breiteren buddhistischen Gemeinde von Bedeutung.

VERPFLICHTUNG ZUM
ZEN-BUDDHISTISCHEN PFAD

I. Finden Sie einen Platz und Zeit, um einige Augenblicke allein sein zu können. Laden Sie das Heilige in den Raum ein, indem Sie ein Bild Buddhas, das sie inspiriert, vor sich aufstellen. Wenn Sie den Wunsch verspüren, zünden Sie Kerzen oder Räucherstäbchen an.

2. Machen Sie Ihren Geist frei und konzentrieren Sie sich auf den Vorsatz, sich der Erkundung des erleuchteten Pfades von Buddha zu verpflichten.

3. Nehmen Sie mit den Hände die Gassho-Position ein (Handinnenflächen auf Brusthöhe aneinanderlegen, Fingerspitzen nach oben) und rezitieren Sie drei Mal die Dreifache Zuflucht:

🪷 Ich nehme Zuflucht zu Buddha, ins Erwachen selbst.

🪷 Ich nehme Zuflucht zu Dharma, den Lehren selbst.

🪷 Ich nehme Zuflucht zu Sangha, auch zu weisen Freunden auf dem Weg.

4. Machen Sie eine leichte Verbeugung, um ihren Entschluss zu besiegeln.

KAPITEL 5

ZEN-MEDITATION

Zen ist von Meditation nicht zu trennen. Das Wort ist eine Transkription des chinesischen Wortes *Chan*, wiederum abgeleitet vom Sanskrit-Begriff *Dhyana*, das wörtlich Kontemplation oder Meditation bedeutet. Doch Meditation ist nicht immer eine mit Buddhismus bedeutungsgleiche Praxis. Für viele Buddhisten ist eine spirituelle Praxis eher eine Sache der persönlichen Pietät und Verehrung von Archetypen und Gottheiten (wie des Buddhas des unendlichen Lichts, *Amitabha*) als der Meditation. Für viele andere ist spirituelle Praxis untrennbar verbunden mit dem Studium und dem Auswendiglernen der Schriften. Diese scholastische Praxis herrschte wahrscheinlich auch zur Zeit von Bodhidharmas Ankunft im Shaolin-Tempel in China vor, wo seine Lehre in Bezug auf die Verwirklichung der Natur von Geist und Realität entsprang, die man damals mit dem für seine Lehre zutreffendsten Begriff, nämlich Meditation, benannte. Zen-Meditation ist keine allgemeine Praxis. Nicht alle, nicht mal die meisten Formen von Meditation kann man als Zen bezeichnen. Was ist also Zen-Meditation? Der koreanische Meister Seung Sahn ist berühmt für den Ausspruch, Zen-Meditation sei die Art, „wie man seinen Geist Moment für Moment bewahrt". Zen-Meditation verlangt nicht, außergewöhnliche Zustände zu erlangen, beinhaltet keine komplexen Visualisierungen, braucht keine spezielle Ausrüstung und enthält keine Geheimnisse. Tatsächlich liegen die Geheimnisse des Zen offen da, für alle sichtbar – in der am weitesten verbreiteten Form setzt man sich hin, beruhigt sich und ist aufmerksam. Die genauen Details der formell sitzenden Zen-Meditation (oder *Zazen*) kann man auf drei Hauptkomponenten herunterbrechen: Was geschieht mit dem Körper, dem Atem und dem Geist?

WAS DEN KÖRPER BETRIFFT

Der Geist folgt dem Körper, und der Körper folgt dem Geist. Ist die Körperhaltung aufrecht und aufmerksam, neigt der Geist ebenfalls dazu, wach und bewusst zu agieren. Ist im Gegensatz die Körperhaltung gekrümmt und zurückgelehnt, neigt der Geist dazu, schwerfällig und eingelullt zu sein. Deshalb ist die Position für die Zen-Meditation aufrecht, das Körpergewicht natürlich, selbststützend und bequem verteilt.

Zen-Meditation verlangt zwar keine spezielle Ausrüstung, doch werden in Zen-Traningszentren von jenen, die sie zu verwenden wissen, oft besondere Hilfsmittel eingesetzt, darunter auch Ausrüstung, in der man meditieren kann, und Gegenstände, worüber man meditieren kann.

> Die Verehrung von Quasi-Gottheiten wie Amitabha mag zwar dem Grundlagen-Buddhismus, wie er in diesem Buch vorgestellt wird, fremd sein, doch entsprangen diese Praktiken als Upaya oder fachkundige Hilfsmittel, um vorher existierende religiöse Praktiken mit buddhistischen Idealen zu verbinden.

WORIN MAN MEDITIEREN KANN

Neben dem Rakusu, dem symbolischen Gewand, das die Mitglieder vieler Zen-Gemeinschaften nach den Gelübden tragen, gibt es noch ein anderes spezielles Gewand, das Schüler und Laienpriester tragen können, um die formelle Praxis der Zen-Meditation zu unterstützen. Die verschiedenen Kleidungsarten sind zu zahlreich, um sie hier aufzulisten, doch man sollte sich merken, dass man Zen-Meditation am besten in bequemer, lockerer Kleidung, die nirgends einschnürt oder die Aufmerksamkeit zu stark auf den Körper lenkt, ausführt. In der formellen Zen-Praxis werden oft natürliche, gedeckte Farben ohne Muster getragen (vor allem in gemeinschaftlichen Settings). In japanischen Zen-Zentren ist die empfohlenen Farbe meist Schwarz, während in Korea und Vietnam häufig Grau bevorzugt wird (mit Roben, die man über der Alltagskleidung trägt und die man Besuchern, die Tempel oder Zentren betreten, oft zur Verfügung stellt).

Die Funktion von loser Kleidung ist ziemlich offensichtlich, doch die Funktion gedämpfter Farben ist es vielleicht weniger. Im Allgemeinen nimmt man an, dass man während einer Meditation oft Langeweile empfinden könne und man deshalb proaktiv jede kleine Anomalie herausfinden oder sich eine imaginative Wirklichkeit aufbauen will und so davon abgelenkt wird, einen Blick auf die Natur des Geistes selbst zu erhaschen (indem der Meditierende sich in endloses Getue verwickelt, ohne sich auf die reine Wahrnehmung zu konzentrieren). Je einfacher die Umgebung und das Material sind, desto besser. Einfache, gewöhnliche Kleidung hilft auch dabei, sozio-ökonomische Vielfalt in den Zen-Hallen (Zendo) auszugleichen, sodass sich die Praktizierenden als relativ gleichrangig empfinden können. Im Zen-Dojo (wörtlich „Platz des Pfades") sind alle fühlenden Wesen gleich, und kein Unterschied kann vergrößert werden, der eventuell von der Realität der Gemeinschaft ablenken könnte.

WORÜBER MAN MEDITIEREN KANN

Da die Haltung für die Zen-Meditation wichtig ist, werden in Zen-Zentren verschiedene Kissen und Matten verwendet, die es den Praktizierenden erleichtern, dauerhaft eine Position einzunehmen, die die Blutzirkulation und Wachsamkeit über lange Perioden einer sitzenden Meditation fördert. Meist wird ein kleines rundes Kissen, genannt *Zafu* und gefüllt mit Buchweizenstreu oder Kapokfasern, auf eine größere, rechteckige Matte (*Zabuton*) gelegt. Dieses Kissenset wird dann entweder auf dem Boden oder auf einer erhabene, hölzern Plattform (*Tan*) so arrangiert, dass der Blick der Praktizierenden unbehindert durch andere Körper oder Kissen auf die Wand oder auf den Boden fällt. Viele ernsthaft Praktizierende besorgen sich zwar Zafu und Zabuton für zu Hause, doch sie sind nicht zwingend notwendig. Man kann Zen auch leicht mit einem Sessel ausführen.

Mit loser, neutraler Kleidung wird die Aufmerksamkeit wahrscheinlich ganz natürlich auf die Körperhaltung bei einer sitzenden Meditation gelenkt. Allgemeine Prinzipien, die von den meisten Zen-Schulen vertreten werden, besagen, dass die Wirbelsäule gerade gehalten werden soll, so als ob sie an einem an der Stirn befestigten Faden hängen würde. Man sollte sich von der natürlichen Krümmung der Wirbelsäule lenken lassen, die bestimmt, in welchem Winkel das Körpergewicht mit minimaler Muskelanspannung am besten getragen werden kann. Verkrampfte Muskeln sind untragbar, da sie sowohl zu schmerzhaften Krämpfen als auch Taubheit und Kribbeln führen, die davon abhalten, sich auf die gestellte Aufgabe zu konzentrieren und die wahre Natur von Geist und Realität wahrzunehmen; stattdessen wäre man gänzlich auf das Unbehagen des Körpers fokussiert.

Nach dem Einrichten der Wirbelsäule ist es wichtig, mit den Knien unter den Hüften zu sitzen (das ist der Zweck des Zafu; praktiziert man auf einem Sessel, muss man vermutlich ein Kissen oder eine andere Stütze verwenden, um die Hüften leicht über die Knie zu bringen). So sind die

Hüftbeuger offen und schneiden den Blutfluss zu den unteren Extremitäten nicht ab. Dabei ruhen beide Knie auf dem Zabuton und das Gesäß auf dem Zafu; sitzt man auf einem Sessel, liegen die Füße flach auf dem Boden.

Die verbreitetste Haltung der Hände nennt man *Mudra der Versenkung*, wobei sich die Hände im Schoß oder knapp unterhalb des Nabels befinden, sodass das Gewicht der Arme bequem auf dem Körper liegt. Die linke Handfläche liegt in der rechten, dabei berühren sich die Spitzen der Daumen sanft und formen einen Kreis. Wenn man während einer Meditation bemerkt, dass sich der Kreis der Daumen gelöst hat, weist das aller Wahrscheinlichkeit nach darauf hin, dass man die Gewissenhaftigkeit verloren und der Geist zu wandern begonnen hat. Auch wenn man bemerkt, dass man das *Mudra* krampfhaft beibehält oder die Hand mit großer Spannung oder Druck hält, hat man wahrscheinlich den sanften, eindringenden Blick des Zazen verloren und ist in die Phase des kognitiven Nachsinnens eingetreten.

Ein Zen-Schüler bat einst den Lehrer um ein neues Mudra, denn er würde das Mudra der Versenkung nicht mögen. „In Ordnung, kein Problem", antwortete der Lehrer, dehnte eine Hand nach oben und über dessen Rücken und die andere drehte er rund um das Kreuz und fuhr fort: „Das ist dein neues Mudra." Da antwortete der Schüler: „Danke vielmals, aber ich denke, ich bleibe beim Mudra der Versenkung!" Die Formen des Zen wurden über viele Jahre hinweg perfektioniert und obwohl man bei körperlichen Schwierigkeiten Veränderungen durchführen kann, nimmt die Zen-Praxis keine Rücksicht auf kleine Vorlieben oder Abneigungen.

POSITIONEN DER ZEN-MEDITATION(ZAZEN)

LOTUSSITZ

HALBER LOTUS

VIERTEL-LOTUS

BURMESISCHER SITZ

FERSENSITZ MIT BANK

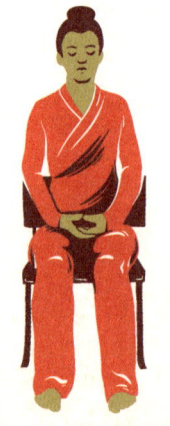

FERSENSITZ MIT SESSEL

WAS DEN ATEM BETRIFFT

Atem ist der Schwellenbereich oder das Bindegewebe, das Körper und Geist vereint. Atmen ist eine heilige Funktion, die sowohl automatisch als auch unbewusst geschieht. Ignoriert man den Atem oder schläft man ein, findet er seinen eigenen Rhythmus und bringt sich in Einklang mit inneren und äußeren Bedingungen des Körpers. Versucht man das Atmen bewusst zu beschleunigen, zu verlangsamen, auszudehnen oder zu verkürzen, kann man das mit den Gedanken steuern. Atmen ist eine Funktion des Geistes, wie auch des Körpers. Deshalb folgen Geist und Körper dem Atem, und der Atem folgt Körper und Geist. Atmet man gezielt tief und rhythmisch, werden sich Körper und Geist entspannen und dem natürlichen Rhythmus der Realität anpassen. Atmet man flach und schnell, werden Körper und Geist unruhig und widmen sich der äußerlichen Wahrnehmung.

Allgemein gesprochen ist der Atem der Zen-Meditation entspannt, doch tief und getaktet. Vorzugsweise sollte man durch die Nase ein- und ausatmen, wobei bei der Atmung im Zazen Bauch und Zwerchfell mitarbeiten, sodass sich die Lunge vollständig aufbläht und dabei das Blut mit genügend Sauerstoff versorgt, damit das Gehirn nicht in Panik verfällt, sondern mit der höchsten Kapazität operiert. Idealerweise dauert das Ausatmen doppelt so lang wie das Einatmen, und man darf die Bauchmuskeln nur ganz sachte anspannen, um das kontrollierte Atmen zu erleichtern.

Körperlich hilft die Position der Knie (in der Lage unterhalb der Hüften), Platz zu schaffen, damit sich der untere Bauchbereich beim Einatmen vollständig ausdehnen und beim Ausatmen leicht zusammenfallen kann. Das Mudra der Versenkung liefert die körperliche Referenz für die ordentlich ausgeführte Übung *Tanden Soku*, die für den Zen spezifische

Form des Atmens mit Bauch und Zwerchfell. Obwohl jede Zen-Schule eigene Vorschriften für die genaue Ausübung der Atemkontrolle in Zazen hat, kann ein angehender Schüler gut in die Praxis eingeführt werden, indem man ihn lehrt, so zu atmen, dass sich der Bauch durch die Öffnung des Mudra ausdehnt, wenn der Bauch auch nicht seine höchste Ausdehnung mit der vollständigen Aufblähung der Lungen erreichen sollte und so ein sanftes Zusammenfallen beim Ausatmen verlangt.

WAS DEN GEIST BETRIFFT

Man sollte nochmals betonen, dass der Geist dem Körper und der Körper dem Geist folgt (und das Atmen nicht zu vergessen!). Im Grunde genommen gibt es keine Trennung zwischen Geist und Körper, man trennt nur in relativen Begriffen das Reale in die Bestandteile, um diese gesondert zu untersuchen. In Wirklichkeit müssen Geist und Körper als ein Ganzes aufgefasst, und dieses muss wiederum als Teil von etwas Größerem wahrgenommen werden – als Körper-Geist der Realität selbst, sowohl manifest als auch latent. Ist der Geist gestresst oder gestört, wird der Körper das aller Wahrscheinlichkeit nach reflektieren und Haltung und Atmung, außer bei sehr geschulten Praktizieren, werden darunter leiden.

Man kann Zazen leicht mit einer auf den Geist bezogenen Aktivität verwechseln. Dies ist jedoch eine irrige Annahme. Es wurde bereits erwähnt, dass Zen durch den Körper und nicht den Geist eintritt, doch es ist auch manchmal das Gegenteil der Fall, was beweist, dass in der Realität Körper und Geist eins sind. Nichtsdestotrotz kann man sich nicht um den Geist zu kümmern, ohne sich um den Körper zu sorgen und umgekehrt.

Nimmt man das erste Mal die Haltung des Zazen ein, ist man vielleicht am Anfang amüsiert und fasziniert von der Neuigkeit der Übung. Doch in kurzer Zeit wird der Geist mit der Situation vertraut und versucht, seine Aufmerksamkeit anderswo hinzulenken. In der Zen-Halle gibt es trotz der anfänglichen Mystik wenig, womit sich der Geist beschäftigen kann. Das Sprechen ist begrenzt, wenn es nicht ganz fehlt, die Bewegung ist auf ein Minimum beschränkt, und der Klang der Stille kann sich fast bis auf ein betäubendes Niveau steigern; das Licht ist gedämmt, die Farben gedämpft und im Allgemeinen verschwindet der Duft des Räucherwerks schnell im Hintergrund. In so einer Umgebung bleibt dem Geist wenig außer ihm selbst, und so wird er Anfälle bekommen, um der scheinbaren Einsamkeit der Introspektion zu entkommen, damit nicht das Geheimnis seiner grundlegenden Substanzlosigkeit vor dem Ich gelüftet wird, das sonst seine eigene Wirklichkeit erzählt.

Zens Antwort auf die anfänglichen Mätzchens des Geistes bei der Zen-Praxis ist häufig eine einführende, kapazitätsaufbauende Übung, bekannt unter dem Namen *Susokukan* oder Atemzüge zählen. Bei dieser Übung wird bei der Einnahme der Haltung von Zazen dem angehenden Schülern auf verschiedenen Wegen gelehrt, wie man den Fokus auf das Atmen legt, eventuell jeden Zyklus von Ein- und Ausatmen von eins bis zehn oder von zehn bis eins zu nummerieren. Wenn man bemerkt, dass die Gedanken von der gestellten Aufgabe abschweifen, sei es, dass das Ende der Meditationszeit angezeigt wird, oder die plötzliche Gewissheit besteht, zu Hause das Garagentor offen gelassen zu haben mit all den fürchterlichen Konsequenzen, beginnt der Meditierende einfach wieder von vorn, bei eins.

Wenn genügend Konzentration (oder Resignation, wie es der Geist auch nennen kann) aufgebaut wurde, um einen vollen Zyklus durchzuzählen, kann ein Lehrer versuchen, die Praxis in bestimmte Richtungen zu lenken, um die Schüler zu ermutigen, einen immer größeren Blick auf die wahre Natur des Geistes und der Realität, die sich nicht davon unterscheidet, zu werfen.

> Zen-Meditation ist zwar nicht allgemein, aber auch nicht so spezifisch wie manche Achtsamkeitsmethode (etwa das heutige Vipassana). Da Zen eine lebende Tradition ist, ändern sich die tatsächlichen Details der Meditation mit der Zeit, wobei sich auch die Anweisungen von Lehrer zu Lehrer und von Person zu Person unterscheiden. Letztendlich steht Meditation nicht am Ende des Spiels, sondern ist eine Übung auf dem Weg zur Erleuchtung.

Der Zweck der Zen-Meditation ist der des Zen-Buddhismus selbst. Wie im ersten Kapitel ausgeführt, ist Zen ein Prozess des Erwachens aus dem Schlummer unserer Vorstellungen durch Bewusstsein und Akzeptanz. Indem man vollständig in der Realität, wie sie ist, erwacht, kann man beginnen, im harmonischen Einklang mit ihr zu reagieren und dabei alle Leiden zu lindern, die zwischen der Realität, wie sie gedacht wird, und der Realität, wie sie wahrgenommen werden kann, bestehen. Die Praxis der Zen-Meditation versucht, die Kluft zwischen Verständnis und Erfahrung zu überbrücken, indem sie sowohl einen grundlegenden konzeptuellen Rahmen für die Bindung schafft als auch eine Praxis einführt, durch die

die Bindung erfolgt, und dann den Ort der Bindung (die Realität selbst) sich selbst überlässt, in dem Wissen, dass die Einführung in das scheinbare „andere Ufer" (der Realität) nichts weniger als eine Heimkehr ist. Bei dieser Heimkehr findet das scheinbare Selbst heraus, dass es tatsächlich nie die Option hatte, das Heim zu verlassen, und dass sich alles die ganze Zeit schon in Harmonie befand. Mit dieser Erkenntnis tritt man in die fortgeschrittenste Form von Praxis-Erkenntnis ein, dem sogenannten *Shikantaza*, der stillen Erleuchtung.

Shikantaza lässt sich letztlich weder auf Stille oder Klang, Stille oder Bewegung, Stehen oder Sitzen oder sogar Erleuchtung oder Verdunkelung zurückführen. Aber leider können Worte nicht viel anderes tun, als zu folgern, in die allgemeine Richtung der Erfahrung zu weisen, die vermittelt werden soll. Man kann Shikantaza stille Erleuchtung oder misstönende Dunkelheit nennen, aber wirklich gemeint ist die direkte Erfahrung und Manifestation des allumfassenden Stoffes der Realität, die nicht zerrissen ist, trotz der Intrigen eines engstirnigen Geistes. Und in Shikantaza vereinen sich Praxis und deren Früchte der Erkenntnis. Das ist das Leben, das ein Zen-Meister führt und nach dem jeder ernsthaft Praktizierende strebt.

Auf dem Weg zur Erkenntnis und der Manifestation von Shikantaza kann man zahlreiche Praxis-Modalitäten im Umfeld von Zazen ausprobieren, einschließlich Koankufu, das berühmte Ringen mit Zen-Rätseln (*Koans*), deren Zahl in die Tausende geht, um sie in der Art eines erwachten Geistes zu lösen. Im folgenden Kapitel wird die Praxis des Koankufu weiter ausgeführt. Außerdem werden auch die Übungen und der Fortschritt der Praxis im Zazen ausführlicher besprochen.

AUFBAU EINER TÄGLICHEN MEDITATIONSPRAXIS

Wie in diesem Kapitel aufgezeigt wurde, ist die Meditation im Zen-Buddhismus eine relativ einfache Angelegenheit. Niedersetzen, beruhigen und aufmerksam sein– das ist alles. Natürlich gibt es in der Zen-Tradition genauere Details in Haltung und Atmung, um die Anstrengungen zu maximieren und zu helfen, sich nicht zu sehr von den Gefühlen und Abweichungen des Körpers ablenken oder abschrecken zu lassen.

Während man die Besonderheiten der Meditation viele Monate lang erkunden kann, gibt es keinen besseren Augenblick, als gerade jetzt mit den Übungen zu beginnen. Man muss nicht unbedingt die typischen 30-40 Minuten einer etablierten Zen-Praxis absitzen; sogar 5-10 Minuten täglich können einen bestimmt auf den Pfad des Erwachens führen. Der Schlüssel ist Beständigkeit.

- Am Beginn einer Meditationspraxis ist es am besten, jedes Mal mit derselben Zeiteinheit zu ungefähr demselben Zeitpunkt anzufangen. Ein veränderbarer und flexiblerer Zeitplan verführt oft zu Verschleppung und Ausnahmen, die zweifellos die Erstellung einer Praxis verkomplizieren.

- Man sollte Zeit am Morgen oder frühen Abend finden, wenn man noch nicht körperlich erschöpft vom Tag ist und die geistigen Fähigkeiten noch mit wachsamem Vorsatz gelenkt werden können.

- Man kann sich die speziellen Meditationskissen (Zafu und Zabuton), die in diesem Kapitel beschrieben wurden, besorgen, aber man kann sich einfach auch auf einen Sessel mit gerader Rückenlehne setzen.

1. Setzen Sie sich zentriert und aufrecht mit drei Kontaktpunkten (entweder das Gesäß und beide Knie auf einem Kissen oder beide Füße flach auf dem Boden und das Gesäß auf einem Sessel), bilden Sie das Mudra der Versenkung (Finger der linken Hand umfangen die Finger der rechten, Daumenspitzen berühren sich), überprüfen Sie einen Augenblick, ob es Zeichen außergewöhnlicher Muskelanspannung oder Unbehagen in Ihrem Körper gibt. Entspannen Sie sich in dieser Haltung, indem Sie erlauben, dass der Körper so weit wie möglich vom Stützapparat getragen wird.

2. Machen Sie mehrere Atemzüge, öffnen Sie die Lunge, drücken Sie das Zwerchfell nach unten und dehnen Sie den Bauch beim Einatmen, um die Atmung zu verbessern. Überprüfen Sie wiederum Ihre Haltung, um sicherzugehen, dass Sie sich in ordentlicher Zentrierung für weitere Tandensoku (Bauchatmung) befinden.

3. Beginnen Sie die Meditation mit der Übung des Susokukan (Atemzählen), atmen Sie dabei aus dem unteren Bauchbereich ein und aus, und fokussieren Sie ihren Geist auf das Zählen jedes Zyklus, von eins bis zehn. Wenn Sie bei fünf oder sogar schon bei zwei bemerken, dass Sie abgelenkt sind, nehmen Sie das einfach wahr und kehren Sie wieder zum achtsamen Atmen zurück. Schrittweise wird sich ihre Fähigkeit, die Aufmerksamkeit zu fokussieren, zunehmen, und Sie werden Ihrem Atem zehn Zyklen lang oder sogar zwanzig (zählen Sie weiter rückwärts von zehn bis eins) folgen können. Diese Übung kann geraume Zeit in Anspruch nehmen, um sie gänzlich zu entwickeln– seien Sie nett zu sich selbst, aber bleiben Sie der Übung verpflichtet.

Meditation wird in weiteren Übungen das ganze Buch hindurch erkundet. Vorerst ist jedoch die Übung des Susokukan und des Tandensoku ideal und bevorzugt.

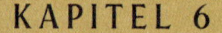

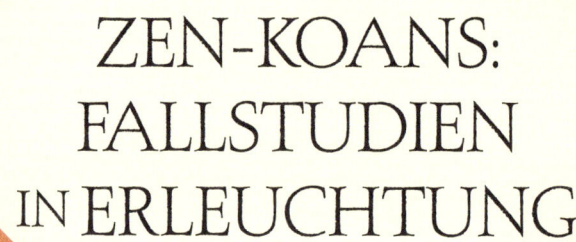

KAPITEL 6

ZEN-KOANS: FALLSTUDIEN IN ERLEUCHTUNG

Das Koan ist vermutlich der bekannteste und am meisten missverstandene Aspekt des Zen-Buddhismus. Oft irrtümlich als Rätsel beschrieben, das den mit Konzepten behafteten Geist des Schülers hemmen und dessen Eintritt in das Nicht-Denken beschleunigen soll, werden Koans fehlinterpretiert und missverstanden. Gemeinhin hört man etwa ein berühmtes Koan so zusammengefasst: „Wie klingt das Klatschen einer Hand?" Bei dieser Frage werden vielleicht informelle, smarte Beobachter versuchen, eine Hand zu bewegen, um ein Geräusch zu erzeugen. Andere werden das Klatschen in der Luft imitieren und kein Geräusch wahrnehmen. Noch andere werden einfach grinsen, als ob solch stilles Amüsement die Lösung sein könnte. In Wahrheit fragte der berühmte Zen-Meister Hakuin Ekaku tatsächlich: „Wenn man mit zwei Händen klatscht, ergibt das ein Geräusch; wie klingt das Klatschen einer Hand?" Nun, was ist das Geräusch einer Hand? Auf diese Frage würde sich ein klarsichtiger Schüler einlassen, mit ihr eins werden und dann fähig sein, sie klar zu beantworten.

Das Wort Koan ist ein zusammengesetzter Begriff zweier Schrift-zeichen (公案) und bedeutet wörtlich „öffentlicher Fall", im Sinne eines Rechtsfalles oder einer Fallstudie. Im Wesentlichen sind Koans einfach berichtete Interaktionen zwischen großen Zen-Meistern und deren Schülern, Mönchen und erwachten Geschäftsleuten, und in mehr als einem Fall sind es ältere Frauen, die einem Meister der Schriften das praktische Handeln erklären. Koans sind nur für die Nichteingeweihten paradox oder rätselhaft, letztendlich sind sie Fallstudien in der Natur eines erwachten Geistes, die im Lauf eines relativ normalen Lebens um-gesetzt werden. Durch die tiefgehende Untersuchung dieser Berichte eines Erleuchteten in der Praxis hofft man, dass Zen-Schüler einen Blick auf die Sicht erhaschen, die sie darstellen, nicht nur als eine weitere Regel in einem sich immer besser entwickelnden begrifflichen Rahmen, sondern als Gefühl und zündender Funke für ein latent vorhandenes er-wachtes Potenzial, das nach buddhistischer Auffassung allen fühlenden Wesen innewohnt.

MIT KOANS ARBEITEN

Das Üben mit Koans oder Koankufu (wörtlich: extreme Hingabe an die Fallstudie) ist eine dialektische Aufgabe. Wie alles in der Praxis des Zen gibt der Lehrer letztendlich in der Koan-Praxis die Richtung vor. Es ist zwar so, dass man in den verschiedenen Zen-Linien die Koan-Praxis zu verschiedenen Zeitpunkten beginnt, doch es herrscht das allgemeine Verständnis, ein Schüler müsse mit der grundlegenden Philosophie und den Lehren des Zen-Buddhismus und der Meditation vertraut sein, um den Fall gut genug in meditativer Sicht als Erweiterung des Zazen zu betrachten. Sobald ein Lehrer der Meinung ist, ein Schüler sei bereit für eine Übung der Koan-Introspektion (und auch gut dafür geeignet), wird er ihm persönlich einen bestimmten Fall zuteilen, den der Schüler in die Meditationsübung und ins tägliche Leben überträgt.

Während der Großteil der Koan-Praxis eine Eins-zu-eins-Handlung ist, die im Kontext des Sanzen (vertrauliche Befragung) stattfindet, wurden mit der Ausbreitung des Netzwerks der Zen-Tradition im eher egalitär und gruppenmäßig ausgerichteten Westen neue Formen der Koan-Praxis allgemein akzeptiert.

Koans sind zugleich Erweiterung der eigenen Meditationspraxis (Zazen) und Gepflogenheit eines persönlichen Treffens mit dem Lehrer, um spezifische Führung in der eigenen spirituellen Pflege (Sanzen) zu bekommen. Koan-Introspektion ist ein persönliches Abkommen zwischen Lehrer und Schüler und wird außerhalb dieser Beziehung weder geteilt noch diskutiert, bis ein Schüler selbst mit der Aufgabe eines ordnungsgemäß ausgebildeten Lehrers und Stammhalters betraut wird. Der Sinn der Privatsphäre bei diese Übung hat mehrere Facetten. Einerseits gehen die offiziell aufgezeichneten Koans weit in die Tausende, andererseits umfasst das Curriculum oder *Shitsunai* einer bestimmten Schule in der Regel mehrere hundert Fälle. Das scheint zwar eine große Zahl zu sein, doch möglicherweise arbeiten Schüler in einem bestimmten Zentrum gleichzeitig an gemeinsamen Fällen. So ist es möglich, durch Diskussion über die Koan-Praxis mit anderen Schülern die Richtung eines der sich unterhaltenden Schüler zu stören oder aus der Bahn zu werfen, sodass ihm nicht die Ansicht vermittelt wird, zu der man am besten durch organische Erkenntnis gelangt. Das westliche Sprichwort, jemandem das Fischen beizubringen, statt ihm einen Fisch zu geben, trifft hier zu. .

Koankufu befasst sich oft mit existenziell äußerst bedeutenden Themen, und man muss sehr vorsichtig sein, wenn man damit mit der von einer formalen Praxis verlangten Intensität arbeitet, um das mentale und spirituelle Wohlergehen der Schüler nicht zu gefährden. Deshalb fällt diese Praxis in den Aufgabenbereich eines erfahrenen Lehrers und seiner dafür qualifizierten Schüler. Nichtsdestotrotz kann man diese Praxis allgemein ohne schädliche Auswirkungen diskutieren – man muss nur die Besonderheiten beachten.

Sobald ein Koan übertragen wird, ist die erste Aufgabe des Schülers bei den meisten klassischen Trainingsmethoden, den Fall Wort für Wort auswendig zu lernen. Manche Fälle sind sehr kurz, andere können ziemlich lang sein, da die Berichte, Erzählungen und Dialoge manchmal über mehrere Seiten gehen. Nach der Zuteilung des Koans wird der Schüler im Sanzen von seinem Lehrer mit der immer vertrauteren Frage konfrontiert: „Was ist Deine Aufgabe?" Der Schüler wird antworten, indem er den Fall wörtlich aus der Erinnerung zitiert. In den strengsten Übungssettings wird, wenn ein einziges Wort fehlt oder der Schüler bei der Rezitation stockt, der Lehrer einfach mit einer kleinen Handglocke läuten, um anzuzeigen, dass das Gespräch beendet ist, der Schüler zu seinem Meditationskissen zurückkehren und sich mit dem Koan besser vertraut machen soll. An diesem Punkt gibt es weder Fragen noch Protest oder andere Optionen, als sich zurückzuziehen, sei es enttäuscht, frustriert oder sogar erleichtert.

Der Zweck des Auswendiglernens eines Koans besteht darin, sicherzustellen, dass ein Schüler mit dem Fall eins werden und sich ihn bei einer formellen Meditation oder im täglichen Leben in Gedanken klar vor Augen halten kann. Ist der Fall nicht Teil des Schülers, kann dieser nicht Teil des Falles werden, und die erleuchtete Vision, auf die das Koan hindeutet, wird eine Geschichte an Stelle der Realität bleiben, an der der Schüler Anteil hat und die er weiterträgt. Nichtsdestotrotz ist es in vielen westlichen Übungszentren nicht mehr länger Standard, vom Schüler eine vollständige Wiedergabe des Falles zu verlangen, bevor man mit dem damit in Bezug stehenden Training beginnt. Für viele zeitgenössische Zen-Meister ist eine Paraphrase des Falles ausreichend, und manche Schulen verlangen vom Schüler sogar nur mehr, die gedruckte Form des zugeteilten Falles vorzulesen. Das geht zwar in manchen Fällen zügiger, man kann aber auch argumentieren, dass die Praxis darunter leidet, wenn man dem Fall selbst nur oberflächliche Aufmerksamkeit schenkt und sich darauf konzentriert, die *Lösung herauszufinden.*

Wenn es eintritt, dass ein Schüler den zugeteilten Fall im Sanzen zur Befriedigung des Lehrers in Bezug auf Inhalt und Haltung präsentieren kann, geht die Übung weiter, indem der Lehrer den Schüler nach dem Verständnis und der Erkenntnis des Koans fragt. Hier variiert wiederum der Stil je nach Schule und Lehrer, doch im Allgemeinen bedeutet Koankufu nicht diskursive Analyse oder wörtliche Kritik. Schüler, die sich in Tiraden versteigen, was der Fall für sie bedeutet, werden vermutlich rasch vom Klang der Glocke entlassen werden, zurückgewiesen wegen ihrer verwirrten Darlegung des Falles. Sie werden sich gleichermaßen an der Unsicherheit und dem Unwissen reiben, vielleicht sogar bis zur Verzweiflung. Oft ist es gerade an dieser Stelle, wo Beständigkeit und Verzweiflung aufeinandertreffen, dass man an die Grenze seiner Weisheit gerät und so das Koan erleben kann, anstatt weiterhin nur den Fall zu analysieren. Daraus kann dann eine sinnvolle Antwort abgeleitet werden, sehr oft ganz spontan, die ein Lehrer aus ganzem Herzen bestätigen wird.

Oft kommt es vor, dass die erste Bestätigung des Lehrers durch prüfende Fragen erfolgt, die die Antwort des Schülers mit der Weisheit einer bestimmten Zen-Linie auf Ehrlichkeit, Genauigkeit und Kongruenz kontrolliert. Manchmal gibt es auf diese Fragen würdige Antworten, eine nach der anderen. Zeitweise jedoch ist die anfängliche Aufregung über das Fehlen des sofortigen Ertönens der Glocke von kurzer Dauer, wenn man sieht, wie die eigene Zentriertheit und Sicherheit durch ein Wort, einen Blick oder eine Frage des Lehrers völlig gestört wird und es heißt: zurück auf das Kissen. Irgendwann jedoch erlebt der Schüler den Durchbruch und zeigt die Weisheit, die er durch die Annahme der Ansicht, die der Erkenntnis des Koans innewohnt, erlangt hat. An diesem Punkt wird dem Schüler der Fall erlassen und ein anderer zugeteilt – zugeteilt und mit Anweisungen für die dazugehörigen Hilfspraktiken versehen oder er wird auf traditionelle Weise mit der Aufgabe betraut, einen abschließenden Satz oder *Jakugo* zu finden, der seine Verwirklichung beschreibt. Die Praxis, Jakugos an Fälle anzuhängen, ist in Asien völlig gebräuchlich, im Westen eher nicht. In Wahrheit gibt es so vieles an der traditionellen Koan-Praxis, das mit der alten ostasiatischen Kultur verbunden ist, dass es linguistisch und kulturell nur den klügsten unter den klarsichtigen Schülern zugänglich ist. In einigen westlichen Zentren bittet man die Schüler, ihr eigenes Jakugo schon abzufassen, ohne die Übung gänzlich abgeschlossen zu haben.

In Ostasien umfasst die Koan-Praxis oft nicht nur die Methode der meditativen Fragestellung, sondern auch eine Art formeller Erziehung. In der Zeit vor den Universitäten westlichen Stils und buddhistischen Seminaren verlangte die akademische Strenge der Koan-Praxis die Fähigkeit, chinesische Schriftzeichen zu schreiben und zu verstehen, Vertrautheit mit der spirituellen Literatur und der kulturellen Klassikern sowie mit den Überlieferungen verschiedener Volksgruppen. Diese akademische Ausbildung fand ihren Höhepunkt in der Praxis des angehängten Jakugos an Fälle, die auf andere Weise bereits genügend aufgeschlossen waren. In der modernen Zeit wurde diese Praxis in Asien zur Routine (wobei Novizen oft kleine Texte statt reguläre Kurse zur Anleitung bekommen) und wird, offen gesagt, in westlichen Kontexten als unnütz angesehen, was die Verzögerung bei der Übersetzung der Materialien und der Verbreitung der Praxis erklärt. Da die Abfolge eines gesamten Koan-Curriculums (Shitsunai) in den meisten Schulen rund zwanzig Jahre regelmäßigen Engagements bedarf, haben es die Schüler nicht leicht und müssen schon ohne Jakugo-Praxis ein Leben lang üben, geschweige denn, wenn diese mit einbezogen wird.

Wegen des patriarchalischen Wesens der antiken Welt bestehen die meisten größeren Koan-Sammlungen aus Fällen männlicher Mönche auf dem Weg zu Erleuchtung. Interessant ist jedoch, wenn Frauen in diesen klassischen Sammlungen auftreten, sie diese Mönche oft verblüffen oder richtungsändernde Worte aussprechen, die selbst herausragende Lehrer zu tieferem Verständnis führen.

FÄLLE ZUR ÜBERLEGUNG

Es gibt zwei Hauptsammlungen von Koans, die fast allen Schulen gemeinsam sind, die die Praxis des Koankufu anwenden, und die oft die Basis jedes Shitsunai bildet, nämlich die 48 Fälle der Torlosen Schranke (*Mumonkan*) und die 100 Fälle der Niederschrift des Blauen Felsen (*Hekiganroku*). Von hier aus kommen Schulen oft vom Kurs ab und zu eigenartigen Curricula von oft hundert anderen Fällen, die man entweder in der Reihenfolge ihrer Auflistung untersucht oder in einer für den Orden oder gar in einer für den Schüler eigenen Reihenfolge. Die meisten dieser Sammlungen, darunter auch die der Torlosen Schranke und der Niederschrift des Blauen Felsen, sind in vielen Sprachen erhältlich, oftmals mit formellen Kommentaren (*Teisho*) von herausragenden Lehrern versehen. In diesem Format werden Koans am häufigsten öffentlich diskutiert. Obwohl die formellen Kommentare tatsächlich die passende Sicht auf den Fall, den sie betreffen, erhellen können, bleibt die Erfahrung, mit einem Koan im Sanzen zu arbeiten, eine andere als die, die man durch eine öffentliche Analyse erlangt. Nichtsdestotrotz können interessierte Leser diese Sammlungen finden und ihren Vorteil daraus ziehen, indem sie sie als eine Form von Literatur oder Schrift betrachten. Trotzdem ist Vorsicht angebracht, um nicht zu feststehenden oder verbildlichen Ansichten über diese Fälle zu kommen.

Auf den folgenden Seiten werden fünf Fälle aus der berühmten Koan-Sammlung Mumonkan präsentiert, mit einem kurzen Kommentar, der dazu dienen soll, eine klare Überprüfung des Koans als Übung, die sowohl als zentral als auch einzigartig für die Tradition des Zen-Buddhismus ist.

JOSHUS SCHÜSSEL (FALL 7)

Ein Mönch näherte sich Meister Joshu und sagte:
„Ich bin gerade in das Kloster eingetreten. Bitte unterrichte mich." Joshu
antwortete: „Hast du schon gefrühstückt?" „Ja", sagte der Mönch. Darauf
antwortete Joshu: „Dann geh und wasch deine Schüssel."
Da war dieser Mönch erleuchtet.

KOMMENTAR: Zen legt dar, ein erwachtes Leben unterscheide sich nicht von der Gewöhnlichkeit eines alltäglichen Lebens. Oft verstrickt man sich in seine Sehnsüchte, dem Leiden zu entfliehen, sodass man die Befreiung von Leiden mit der Transzendenz der Erfahrung aus dem täglichen Leben verbindet. In diesem Fall verzichtete ein Novize in scheinbar so einem Zustand auf sein bisheriges Leben und trat in ein Kloster ein (ihm war nicht bewusst, dass es sich um eine Institution handelt, die die Fülle des gewöhnlichen Lebens konzentriert und vergrößert und keine Alternative dazu bietet). Als er sich dem spirituellen Leiter Joshu nähert, bittet der Mönch, der augenscheinlich bereits in den täglichen Rhythmus des Klosters integriert ist und es doch ohne Bezug auf die Aufgabe des Erwachens sieht, um Anleitung. Joshu, der die Bitte des Mönchs um spirituelle Leitung nicht ignoriert, weist ihn an, sich weiterhin den Forderungen des Augenblicks zu widmen – nach dem Essen die Schüssel zu waschen!

Wie oft erlaubt man den eigenen Geschichten über das Leben und das Leiden im Besonderen, sich selbstständig zu machen und die Wirklichkeit zu überlagern? Die Erleuchtung des Novizen in diesem Fall kam nicht nach Jahren endloser Übungen, sondern in einem Augenblick der Erkenntnis, als seine irregeleitete Perspektive auf ihn in einer Art zurückgeworfen wurde, dass er zu seinem Leben zurückkehren konnte, das sich bereits in Entwicklung befand, und so in harmonischem Einklang auf alles reagieren konnte, dessen er sich bewusst sein und das er akzeptieren sollte.

TOZANS DREI PFUND (FALL 18)

Eines Tages, als Tozan bei der Arbeit war und Flachs abwog, kam ein Mönch und fragte ihn: „Was ist Buddha?" Tozan antwortete: „Dieser Flachs wiegt drei Pfund."

KOMMENTAR: Zen beschäftigt sich immer mit ebendiesem Augenblick, an ebendiesem Ort. Beim Erwachen öffnet man die Augen nicht für die Welt der Träume, sondern die Welt der Aktualität. Siehst du? Hörst du? Was ist so falsch an ebendiesem Augenblick? Indem man die eigenen Geschichten zur Seite schiebt, erkennt man vielleicht, dass gerade ihr Gewicht die Wurzel des Grams darstellt. Als einem Mönch wieder bewusst wurde, dass Buddha letztendlich nur eine Metapher für die Wirklichkeit ist, befragte er Tozan genau darüber: „Meister, was ist wirklich?" „Genau das, genau das", antwortete Tozan.

WEDER WIND, NOCH FLAGGE (FALL 29)

Zwei Mönche stritten über eine Flagge, einer behauptete:
„Die Flagge bewegt sich!" Der andere konterte: „Sicherlich ist
es der Wind, der sich bewegt!" Als der sechste Patriarch Huineng
dies hörte, tadelte er beide. „Weder der Wind bewegt sich
noch die Flagge – es ist euer Geist, der sich bewegt!"

KOMMENTAR: Zwei Mönche, zwei Geister, zwei Ansichten der Realität. Dann tritt der Meister Huineng auf, und plötzlich sind es drei Mönche, drei Geister, drei Ansichten der Realität. Ist es der Wind, der die Flagge bewegt, oder der Geist? Wenn man mich fragt, was in Bewegung sei, ist es die Bewegung. Tatsächlich sind wir alle empfänglich, uns in falschen Dichotomien und gekünstelten Dilemmata zu verfangen. Es ist nicht so, dass Wiederkäuen keinen Wert hätte, unzählige Erneuerungen entstanden aus Tagträumen. Aber weiß man, dass man träumt, wenn man träumt? Hat man in Konfliktsituationen oder Konfrontationen wahre Handlungsfreiheit? Bei diesem Fall geht es nicht um richtig oder falsch, tatsächlich haben alle drei Ansichten ihre Gründe, Stärken und Schwächen. Huineng trat in den Dialog mit diesem Bewusstsein und damit mit Handlungsfreiheit ein, während die zwei Mönche in ihrer jeweiligen Sicherheit steckengeblieben waren, unfähig, aus ihrem eingefahrenen Gleis ohne Seil herauszukommen.

JOSHUS EICHE IM GARTEN (FALL 38)

Ein Mönch fragte einst Meister Joshu:
„Warum kam Bodhidharma nach China?" Joshu antwortete:
„Die Eiche im Garten."

KOMMENTAR: Wenn Buddha letztendlich eine Metapher für die Wirklichkeit ist, kann Bodhidharmas Reise nichts weniger als auch das sein – was sonst hätte er schließlich vermitteln sollen? Immer wieder dreht es sich bei Zen und die Realität, was im Augenblick ist. Das Leben macht keine Pause, während man sich in Überlegungen verliert; Joshu wusste das und lud den Mönch ein, zum Klicken einer Tastatur und dem leisen Summen einer Klimaanlage zurückzukehren, Bodhidharmas dauerhafte Botschaft, die der Autor gut kennt.

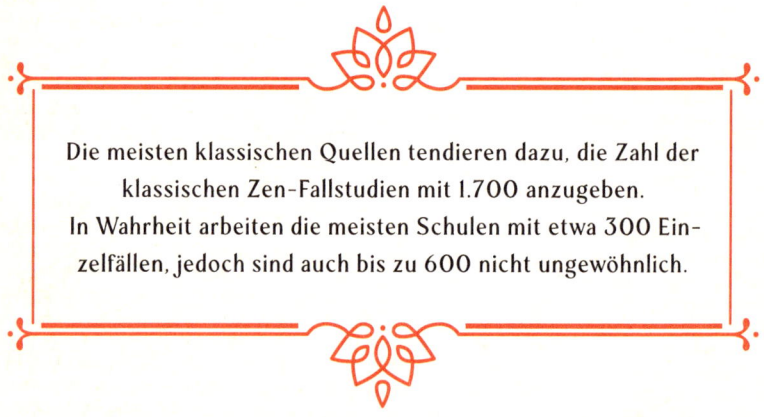

Die meisten klassischen Quellen tendieren dazu, die Zahl der klassischen Zen-Fallstudien mit 1.700 anzugeben.
In Wahrheit arbeiten die meisten Schulen mit etwa 300 Einzelfällen, jedoch sind auch bis zu 600 nicht ungewöhnlich.

Sekiso fragte einst: „Wie kann man von der Spitze einer 30 m hohen Stange vorwärtsgehen?" Der Lehrer antwortete:" Jemand, der auf der Spitze einer 30 m hohen Stange sitzt, hat eine gewisse Höhe erreicht, aber die Tiefen des Zen immer noch nicht erkannt! Er sollte von dort einfach weiterziehen und sich in der Welt in zehn Richtungen manifestieren!"

KOMMENTAR: Die Lehre des Nicht-Selbst versetzte das Rad des Dharma in Bewegung und begründete den buddhistischen Pfad. Erkennt man das Selbst als nicht-substanziell, wohin geht dann die sichtbare Form? Es wurde bereits erwähnt, dass keine Bedeutung von großer Bedeutung ist, deshalb kann man davon ausgehen, dass das Nicht-Selbst ein Alles-Selbst ist. Der eigene wahre Körper erfüllt die zehn Richtungen, und für einen Anhänger auf der Höhe der Erkenntnis ist noch ein weiterer Schritt vonnöten. Das bedeutet nicht, zu sterben, aber es heißt, loszulassen. Aber wohin? Am Anfang dieses Kapitels haben wir Hakuins Frage besprochen: „Wie klingt das Klatschen einer Hand?" Er malte viele Abbildungen einer einzelnen Hand, die sich frei im Raum bewegt. Man sollte darüber nachdenken, ob diese Malereien ein Geräusch erzeugen.

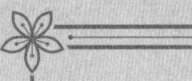

EIN KOAN ZUR SITZENDEN ÜBUNG HINZUFÜGEN

Nachdem man eine ausreichend stabile Praxis und genug Konzentration mit den Übungen von Tandensoku und Susokukan erlangt hat, gibt es zahlreiche Methoden, die ein kompetenter spiritueller Führer in die Meditationspraxis einfließen lassen kann. Eine dieser potenziellen Übungen ist Koankufu– das Arbeiten mit den berühmten Zen-Fallstudien beim Erwachen.

Dieses Kapitel bietet fünf Koan-Fälle, die Sie in Betracht ziehen können, neben einigen Kommentaren, die Hinweise auf signifikante Aspekte jedes Falles liefern. Für diese Übung lesen Sie diese Koans genau durch und suchen eines aus, das Ihr Interesse weckt. Ganz auf traditionelle Weise sollten Sie sich dem Versuch widmen, den Fall auswendig zu lernen, sodass Sie ihn auf Wunsch Wort für Wort wiedergeben können. Indem Sie auf diese Art mit dem Fall arbeiten, lässt es ihn zu einem Aspekt ihres Geistes werden, anstelle eines äußerlichen Objekts, mit dem man sich auseinandersetzt.

Nach dem Auswendiglernen des Falles ist es Ihre Aufgabe, damit mit einigem Eifer zu arbeiten– während und außerhalb der Meditation. Belassen Sie den Fall an der Peripherie Ihres Tages und im Zentrum Ihrer Aufmerksamkeit, lassen Sie ihn nicht aus Ihren Überlegungen entschwinden.

Eine erste Methode, mit Koans zu arbeiten, ist, zu versuchen, eins mit ihnen zu werden oder in sie einzudringen. Geben Sie acht, welche Gefühle und Empfindungen sich beim Halten des Koans in Ihrem Bewusstsein einstellen. Die Aufgabe besteht nicht darin, zu verstehen, sondern zu erleben.

Nach einiger Zeit werden Sie bemerken, dass sich das Koan Ihnen in beträchtlicher Weise geöffnet hat. Wo Schwere und Unwissen herrschte, kann es Leichtigkeit und eine Annäherung an den Fall geben, indem seine Weisheit entschlüsselt und in die eigene Erfahrung und das Leben als Ganzes integriert wird. Diese Erfahrungen werden idealerweise mit einem Lehrer verarbeitet, doch wenn keiner vorhanden ist oder wenn Sie sich damit zufrieden geben, als Einzelpraktizierender zu üben, gehen Sie zum nächsten Fall über – entweder aus diesem Buch oder aus einer der traditionellen Sammlungen. Nehmen Sie sich Zeit, hasten Sie nicht vorwärts und laufen Sie nicht vor einem Unbehagen oder Unwissen davon, sondern neigen Sie sich dem zu.

Im Westen leiten die bekanntesten Zen-Schulen das Studium mittels eines Anfangskoans ein, das mit bis zu ein paar hundert Fragen erforscht wird. Danach werden im Allgemeinen die 48 Koans der Torlosen Schranke (Mumonkan) oder die 100 Koans der Niederschrift des Blauen Felsen (Hekiganroku) bearbeitet. Danach könnten Sammlungen wie die 272 Fälle der Verwirrenden Kletterpflanzen (Shumon Kattoshu) oder die 100 Fälle des Buchs des Gleichmuts (Shoyoroku) beziehungsweise ausgewählte Fälle der Niederschrift der Weitergabe des Lichts (Denkoroku) durchgegangen werden, Schließlich werden auch oft die 16 Gebote neben den Fünf Stufen des Meisters Dongshan als Koans eingesetzt. Wie man sieht, gibt es genug Material für ein lebenslanges Studium, und eine Dauer von 20 oder mehr Jahren ist für eine formelle Koan-Praxis unter der wachsamen Führung eines kompetenten Lehrers nicht ungewöhnlich.

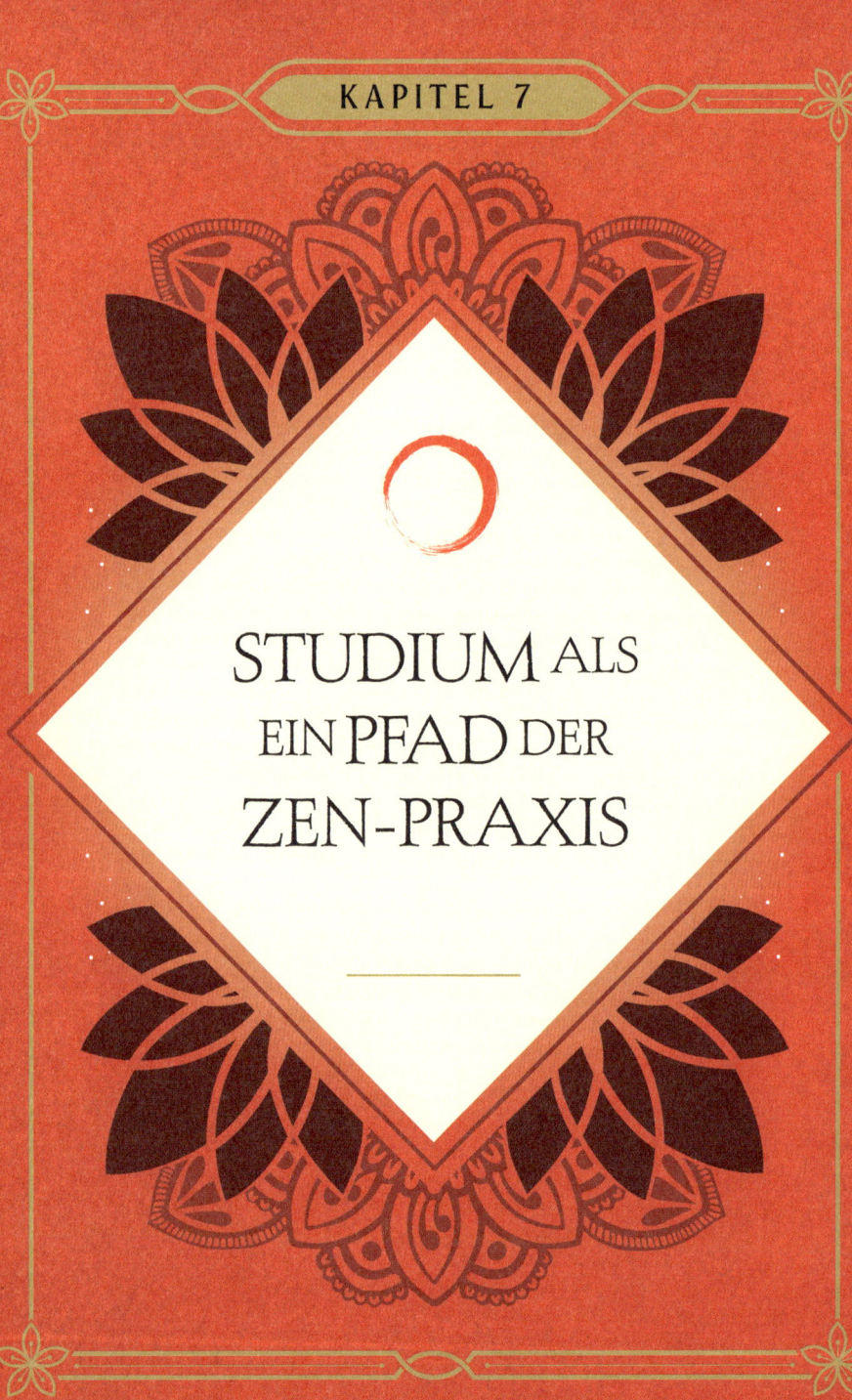

KAPITEL 7

STUDIUM ALS EIN PFAD DER ZEN-PRAXIS

Im ersten Kapitel des Buches wurden die grundlegenden Parameter des Zen, wie sie Bodhidharma erstellt hat, als Pfad des Erwachens erläutert, der klar „außerhalb der Schriften" ohne „Abhängigkeit von Wörtern oder Schriftzeichen" übermittelt wird. Im vorangegangenen Kapitel über Koankufu hingegen erfuhr man, dass die Koan-Praxis im Wesentlichen als Pfad für eine akademische Erziehung für Mönche und Zen-Priester in vormodernen Zeiten diente. Nun mag man sich fragen, was es wirklich ist. Es ist wichtig, daran zu denken, dass die Scholastik seit den ersten Tagen ein Aspekt des Buddhismus war, als sich buddhistische Mönche vor der Zeit der Verbreitung des Schreibens versammelten und gemeinsam die Worte des Buddha rezitierten, um sie so zu bewahren und zu studieren. Damit soll nicht ausgedrückt werden, dass Studium und Scholastik den Übungsformen des Zen angehören, aber es soll angemerkt werden, dass sie auch nicht von vornherein widersprüchliche Pfade sind.

Es ist wahr, dass die Geschichte des Zen mehrere berühmte Erzählungen enthält, zum Beispiel den Sutra-Zen-Meister Tokusan, der die Kommentare zum *Diamant-Sutra* bei einem Treffen mit dem Zen-Lehrer Ryutan verbrannte, nachdem sein Verständnis erschöpft war, oder Daie, der die Druckblöcke für das Opus magnum seines Lehrers Engo, *Hekiganroku* (Niederschrift des Blauen Felsen) verbrannte, nachdem er entschieden hatte, dass die Schüler in einem Maße von begrifflichen Gedanken abhängig waren, dass es deren Studium behinderte. Und wenn man sich solche Erzählungen genau ansieht, wird man verstehen, warum Bodhidharma das Problem in der Abhängigkeit von Worten und Schriftzeichen sah, nämlich Schriften und schriftliche Lehren so hoch zu bewerten, dass man beginnt, in völlige Abhängigkeit zu geraten, als ob sie eine direkte Erkenntnis der Realität und eine dauernde Übereinstimmung mit ihr manifestieren würde. Nach Bodhidharma (den man neben den sogenannten Heiligen Versen des Zen als Autor zahlreicher Predigten und Abhandlungen ansieht) schrieben viele anerkannte Zen-Lehrer Bücher und Kommentare, hielten regelmäßig Dharma-Vorträge und öffentliche Ansprachen und traten tatsächlich in Dialog mit ihren Schülern, um sie zur direkten Erfahrung des Erwachens zu führen. Worte und Schriftzeichen sind kein Problem, sich zu sehr auf sie zu verlassen, zulasten vom Streben nach der direkten Erfahrung, ist es sehr wohl.

DIE NATUR DES GEISTES IN DER PRAXIS

Wie verwenden nun Zen-Praktizierende das Studium als Übungspfad? Eine jahrhundertalte und sicher sehr bekannte Zen-Analogie besagt, dass jede Lehre ein Zeigen mit dem Finger auf den Mond ist. Während der Mond die Realität selbst ist, bedeutet das Zeigen die Lehren, und die direkte Sicht auf den Mond, die in den Fokus rückt, indem man dem Fingerzeig folgt, repräsentiert die Erleuchtung. Mit diesem Bild soll verdeutlicht werden, dass der Finger beziehungsweise die Lehren in ihren verschiedenen Ausprägungen weder mit der Realität noch mit der Erleuchtung verwechselt werden dürfen, so wie man nicht annehmen kann, dass eine Abbildung einer Speise im Menü eines Restaurants den Hunger stillen wird. Stattdessen muss man die Speise bestellen, sie mit Gerätschaften zum Mund bringen, kauen und schlucken.

Zen-Lehren sind gleichzeitig potenzielle Stolpersteine sowie unendlich wertvolle Karten, die zum Schatz führen, der das Ende des Leidens und Handlungsfreiheit im Schaffen und Aufrechterhalten von Bedeutung darstellt. Es ist jedoch nicht so, dass die Lehren für sich selbst Stolpersteine sind, sondern nur zu solchen werden, wenn sie auf die Verteidigungsmechanismen des Geistes treffen. Die westliche Weisheit, besonders jene, die von Sigmund Freud ausgeht, besagt, dass der Geist sowohl aus bewussten als auch unbewussten Teilen besteht und dass der bewusste Teil (oder Ego) ständig zwischen den Forderungen des Urgeistes (oder Es) und jenen der situativ informierten, moderierenden Komponente des Geistes (oder Über-Ich) hin- und hergerissen wird. Es wird angenommen, dass innerhalb dieser Struktur der Verstand bequem ohne ein funktionierendes Bewusstsein des Unbewussten arbeitet. Zen-buddhistisches Training versucht jedoch, den Geist als Ganzes zu erhellen – unbewusste und bewusste Teile. Dagegen versucht der Verstand zu rebellieren, indem er die Lehren selbst als ausreichend tiefe Offenbarung in die Natur der Realität betrachtet, so persönlich unwissend und unerfahren wie sie auch sein mögen.

Hier kann man eine Analogie zum Film *Der Zauberer von Oz* ziehen, wo man sieht, dass der Verstand gerne nur mit der bewussten Wahrnehmung der großen, grünen, von Rauch und Flammen begrenzten Smaragdstadt von Oz als grundlegender Einheit operiert. Als Toto den Vorhang zurückzieht und damit enthüllt, dass Oz nur ein Trugbild ist, das von einem bis dahin unbekannten Mechanismus betrieben und kontrolliert wird, den ein vergleichsweise kleiner und furchtsamer Mann erfunden hat, droht das ganze System zusammenzufallen. In Blickkontakt mit Dorothy und ihren Begleitern spricht der Mann weiter mit der durch ein Mikrofon verstärkten, hallenden Stimme von Oz und dreht dabei an einem Ding, das die ganze Maschinerie zu betreiben scheint: „Achtet nicht auf den Mann hinter dem Vorhang!" Doch als sie einmal die Aufmerksamkeit auf ihn gerichtet hatten, gab es kein Zurück mehr, und das ganze System *brach zusammen*. Aber nach dem anfänglichen Schock aller Beteiligten wurde die Wahrheit enthüllt und ein Weg nach Hause frei. Beim Erwachen aus dem Traum, der letztlich fast die gesamte Geschichte umfasste, findet sich Dorothy inmitten der Familie wieder, mit der sie die ganze Zeit unterwegs war, nun jedoch geprägt von einem anderen Leiden und besserem Verständnis dafür.

> Zen ist ein Streben, gerichtet auf eine ganz bestimmte Sache, nämlich die Erleuchtung. Erleuchtung kann verstanden werden als Bewusstsein und Akzeptanz der Realität, die den harmonischen Einklang mit der kontinuierlichen Entfaltung erleichtert, sowohl äußerlich als auch innerlich.

An zahlreichen Verbindungspunkten im Zen-Training werden den Praktizierenden Wissen der inneren Funktionen und Bestandteile des Geistes enthüllt. Wir riskieren und bemühen uns tatsächlich, uns der Realität bewusst zu werden, dass Oz, wie wir es sonst kennen, nicht nur Schall und Rauch ist, sondern auch, dass der Mann hinter dem Vorhang nur eine zeitweilige Vereinigung von Fleisch und Knochen, Kohlenstoff, Sauerstoff, Wasserstoff und Stickstoff ist, Wellen und Partikel, die für eine gewisse Zeit zusammengefügt sind, ohne ein dauerhaftes Zentrum. Dies ist kein sicheres und bequemes Bewusstsein. Es ist desorientierend, erschütternd und außerhalb der Kontrolle des Mechanismus, der das Trugbild der Substanzialität bis dato vorantrieb. Das Wichtigste ist wahrscheinlich, dass es nicht vertraut und sein Territorium unbekannt ist. Und das Einzige, was den Geist mehr ängstigt und seine seit Langem bestehenden Systeme stört, ist zu wissen, wie die Dinge wirklich sind, sowie nicht zu wissen, wie er darauf reagieren soll oder wie die Dinge in der Folge ihres Bewusstwerdens tatsächlich sein werden. Deshalb rebelliert der Verstand und ermutigt die Menschen, jedes gedämpfte Licht als die volle Helligkeit des Mondes, der die Sonne reflektiert, zu akzeptieren und sich mit so wenigen Störungen wie möglich zufrieden zu geben. Erleuchtung kann man jedoch nur in der Fülle der Störungen erlangen, worin man sich wieder neu orientieren und sich auf ein Leben in Übereinstimmung mit den Dingen, wie sie wirklich sind, einlassen kann.

Im Zen assoziiert man Studium und Scholastik mit Flucht ins Dharma – den Lehren selbst, das heißt der Straßenkarte zur Realität, die selbst wesentlicher Bestandteil – wenn nicht der wichtigste – ist. Ohne Karte riskiert man, das Ziel nicht wirklich zu kennen oder nicht dorthin geführt zu werden, und wandert endlos im Dunkeln. Lehren sind wichtig, aber sie sind nicht die Reise. So wie Bodhidharma lehrte, sollte man sie anwenden; letztlich findet man die Erkenntnis nicht durch Hinzeigen, sondern durch direktes Betrachten dessen, worauf gezeigt wird, und so wird man Buddha.

ZEN-SCHRIFTEN

Der Kanon des Buddhismus ist nicht in derselben Weise fixiert wie der in anderen Religionen; er bleibt offen, entweder offensichtlich oder subtil, und funktioniert so seit der Zeit von Buddha Shakyamunis Tod. Die frühesten buddhistischen Schriften waren einfach in der Gemeinschaft gesammelte und aufbewahrte Lehren des Shakyamuni Buddha. Diese Sammlung ist in der erweiterten buddhistischen Welt bekannt als Tripitaka (oder Drei Körbe) und besteht aus den Lehren Buddhas auf dem Pfad des Ende des Leidens (Sutra Pitaka), den Leitlinien Buddhas für das alltägliche Leben von Mönchen und Priestern (Vinaya Pitaka) und den sogenannten Höheren Lehren (Abhidhamma Pitaka). Interessanterweise besagt die buddhistische Tradition, dass Buddha das Abhidhamma Pitaka kurz nach seiner Erleuchtung verkündete, dass aber weniger wichtige Lehren so artikuliert werden mussten, dass sie den Massen zugänglich waren (der Inhalt der Sutra Pitaka). Dabei wurde ein Fundament gelegt, durch das man sich mit den Einsichten des Abidhamma Pitaka verbinden konnte. Umgekehrt verstehen die Erkenntnisse der modernen Wissenschaft das Abhidhamma Pitaka als spätere Kommentare zu Buddhas ursprünglichen Lehren und deren natürliche Erweiterung, nachdem man sie nach Buddhas Leben erkundet und angewandt hatte – oft in kulturellen Kontexten, die außerhalb der ursprünglichen Orte der Verkündigung lagen. Deshalb war der buddhistische Kanon von Anfang an offen und gegründet auf die Geschichten, die um ihre Inhalte erzählt wurden.

DAS HERZ-SUTRA

Obwohl die Zen-Tradition die Lehren der Tripitaka sicherlich respektiert, werden diese Schriften hauptsächlich von der Theravada-Schule verwendet, obwohl ihre Einsichten in den Adern aller buddhistischen Traditionen fließen. Außer den Koan-Sammlungen ist allen Zen-Schulen eine tiefe Verwurzelung in einer relativ kurzen Schrift, dem Herz-Sutra, gemein. Diese Schrift wird in fast jedem Zen-Tempel, Zentrum oder Versammlung auf der ganzen Welt jeden Tag rezitiert, manchmal mehrmals täglich.

Das Herz-Sutra besteht aus vierzehn Versen in Sanskrit und 260 chinesischen Schriftzeichen und vermittelt die prägnantesten Hinweise auf die Fülle der Realität, die vermutlich jemals aus buddhistischer Perspektive geäußert wurden. Tatsächlich ist es so prägnant, dass es hier vollständig wiedergegeben werden soll:

Avalokitesvara Bodhisattva, tief versunken
im Prajnaparamita, erkennt, dass alle fünf
Skandhas leer sind, und so wird er von all dem Leid
und der Verzweiflung errettet.
Shariputta, die Form unterscheidet sich nicht von Leere,
die Leere nicht von der Form.
Form ist Leere, Leere ist Form.
Dasselbe gilt für Gefühle, Wahrnehmungen, Impulse und Bewusstsein.
Shariputra, alle Dharmas werden von Leere gekennzeichnet;
ohne Entstehen, ohne Vergehen,
ohne Schmutz und ohne Reinheit,
ohne Zunahme und ohne Abnahme.

Deshalb existiert in der Leere keine Form,
kein Fühlen, Wahrnehmen, Wollen oder Denken.
Nicht Auge noch Ohr, Nase, Zunge, Körper oder Geist;
weder Farbe, noch Ton, Geruch, Geschmack, Berührung oder Gegenstand;
weder die sichtbare Welt, noch die Welt der Vorstellung.
Nicht das Nicht-Wissen, noch die Aufhebung des Nicht-Wissens,
nicht Alter und Tod nach der Aufhebung von Alter und Tod.
Kein Leiden kein Entstehen, kein Vergehen, kein Weg,
weder Erkennen, noch Erlangen.
Weil der Bodhisattva nichts begehrt und sich im Prajnaparamita versenkt,
ist sein Bewusstsein ohne Hindernisse.
Weil ungehindert, ist er ohne Furcht.
Fern von allen Illusionen und Träumen meistert er das Nirwana.
Die Buddhas der Drei Welten erlangen durch die Prajnaparamita
das Anuttara Samyaksambodhi.
Höre daher den großen göttlichen Spruch der Prajnaparamita,
das große Mantra, den unübertrefflichen Spruch,
den unvergleichlichen Spruch, der alles Leiden hinwegfegt.
Das ist die Wahrheit, keine Täuschung.
So erklärte er das Mantra der Prajnaparamita und sprach:
Gate gate paragate parasamgate bodhi svaha.

Ohne Zweifel mag das Herz-Sutra bei oberflächlicher Anschauung geheimnisvoll und komplex erscheinen, doch bei genauerer Betrachtung ist seine Botschaft einfach, tief und auf dem Punkt und gut geeignet, um sie in nahezu unendlichem Umfang mit Kommentaren und Interpretationen zu erweitern.

Im Grunde lehrt diese Schrift, dass alle Realität, wie sie wahrgenommen wird oder anderwertig bezeichnet werden kann, leer ist – das bedeutet, ohne Substanz und nicht fähig, unter dem forschenden Blick von Philosophie und Wissenschaft zu bestehen. Das zu verstehen und in der direkten Erfahrung zu erkennen ist das Herzstück des Erwachens und die Befreiung vom Leiden. So gesagt ist es diese Leere, die geheimnisvollerweise Form und die manifeste Natur von Dingen entstehen lässt, die man andernfalls nur sieht, hört riecht, schmeckt oder berührt. Leere und Form sind nicht unterschiedlich, so wie Wellen und Partikel, und aus ihrem freien Wechselspiel erheben sich scheinbar alle Dinge und fallen wieder dorthin zurück. Also gibt es in der Realität keine echte Bewegung, kein Kommen und Gehen, weder Wachstum noch Verfall, weder Reinheit noch Schmutz. Dinge sind, wie sie sind, auf der mikrokosmischen wie auch makrokosmischen Ebene, gleichermaßen angewandt in Quantenphysik wie in der Persönlichkeitspsychologie. Man muss nicht wirklich etwas zu tun, niemand sein und niemand werden, es gibt nichts zu erreichen und niemanden, der etwas erreicht. Diese Erkenntnis bedeutet Freiheit – Nirwana und die Verwirklichung aller Buddhas.

Obwohl diese Schrift und die obige kurze Erklärung vermutlich immer noch verwirrend sind, bedeutet Zen-Praxis, sich dauerhaft darauf einzulassen, immer und immer wieder, in der Hoffnung, ihre Hinweise seien subtil, würden plötzlich inmitten des täglichen Lebens erkannt und machten dem Leiden ein Ende. Zen-Praktizierende singen diese Niederschrift während des ganzen Lebens immer und immer wieder und steigern ihre mentalen Fähigkeiten, um die Realität zu erkennen, was eine größere Erfahrung darstellt, als Worte auszudrücken vermögen – Worte können nur darauf anspielen.

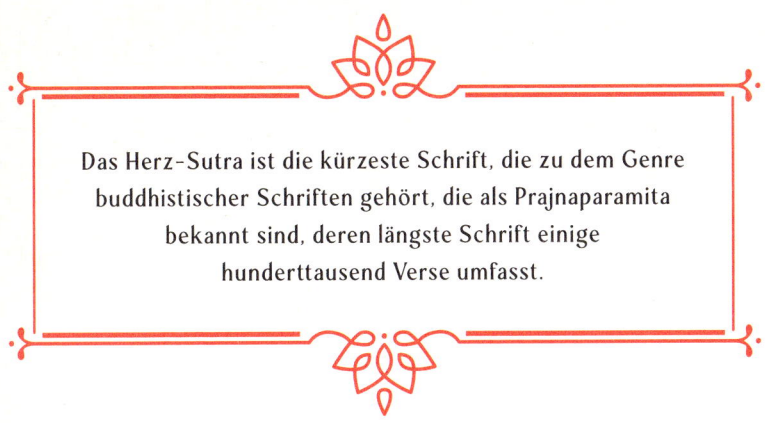

Das Herz-Sutra ist die kürzeste Schrift, die zu dem Genre buddhistischer Schriften gehört, die als Prajnaparamita bekannt sind, deren längste Schrift einige hunderttausend Verse umfasst.

Es gibt eine Handvoll anderer Schriften, länger als das Herz-Sutra, die den Zen-Schulen gemeinsam sind, wie das Diamant-Sutra, das Mahaparinirvana-Sutra (oder Nirwana-Sutra), das Lotus-Sutra und das Avatamsaka-Sutra (das ist das Zen-Äquivalent zum Abhidhammapitaka). Jede dieser Schriften verwendet unterschiedliche Worte, Bilder und Anspielungen, um Elemente der erwachten Sicht zu beschreiben, die vielleicht noch gar nicht als Möglichkeiten im kognitiven Apparat eingedrungen sind – alle mit der Intention, den Praktizierenden für das Heraufdämmern dieser erwachten Sicht zu befähigen und vorzubereiten.

Zen verdammt die mentalen Fähigkeiten oder akademisches Streben eigentlich nicht. Stattdessen hofft man, sie für die Ziele des Erwachens einzuspannen, nur eben nicht auf Kosten von Praktiken wie Zazen, Koankufu sowie Riten und Rituale im Übungsleben, die dazu dienen, Geist und Körper zu verbinden und die Verbindung Geist-Körper mit der Realität in harmonischem Einklang zu verknüpfen, was im nächsten Kapitel ausführlicher besprochen wird.

TÄGLICHES STUDIUM
NEBEN DEM ÜBEN

Das Studium, Kommentare zu und sogar heftige Debatten über die Schriften und Klassiker der buddhistischen Tradition waren immer schon ein Aspekt der Zen-Praxis. Wie in einer Fahrschule lernt man zuerst, genau auf die Verkehrszeichen, Ampeln und die verschiedenen Anordnungen der Linien auf den Straßen zu achten. Irgendwann jedoch wird das Wissen über diese Dinge so verinnerlicht, dass man sich nicht mehr ständig bewusst damit beschäftigen muss. So ist es auch mit dem Studium der Schriften und der übrigen Literatur der Tradition.

🌸 Für diese Übung, versuchen Sie, jeden Tag zehn Minuten zusätzlich auf das Lesen der Literatur aus und über die Tradition zu verwenden, entweder vor oder nach jeder täglichen Meditationsübung. Der Zen-Kanon ist immer noch offen und die Menge an Informationen, die man verdauen muss, ist schier unendlich, je nach den eigenen karmischen Neigungen. Erkunden Sie ein breites Feld, aber versuchen Sie, nicht in die Falle der Imagination zu gehen, führen Sie immer das, was Sie lesen und studieren, zurück zu Ihrer Erfahrung in genau jenem Augenblick.

🌸 Regelmäßig mit dem Herz-Sutra zu arbeiten, kann ein guter Ausgangspunkt sein, gefolgt von den Klassikern wie dem Diamant-Sutra oder dem Plattform-Sutra, neben moderneren Werken von zeitgenössischen Autoren.

KÜNSTLERISCHER AUSDRUCK
GEPAART MIT DER PRAXIS

Es gibt zahlreiche künstlerischen Ausdrucksformen, die die Anliegen von Zen teilen oder die sich mit dessen Erkenntnissen in besonderer Weise auseinandersetzen, die Praktizierende jeden Niveaus ausüben können. In vielen Zen-Tempeln ist das Kopieren von Sutren oder *Shakyo* eine Praxis, der sich Priester und Laien als einer Form von Körpersingen (wenn man so will) gleichermaßen bedienen. Während Priester meist eine spezielle Ausbildung in traditionellen chinesischen Schriftzeichen (der kanonischen Sprache der meisten Zen-Schriften) haben, um sie aus einem Text zu kopieren oder sogar aus den hintersten Winkeln ihrer Erinnerung zu transkribieren, praktizieren viele Menschen *Shakyo*, indem sie die Schriftzeichen mit einem Kalligrafen auf transparentem Reispapier nachzeichnen. Hier muss man jedoch aufpassen, denn wie bei jeder feinen Kalligrafieübung ist es wichtig, die Wiedergabe der Zeichen in der richtigen Reihenfolge (sowohl für den Text als auch die Striche, aus dem das einzelne Zeichen besteht) mit der richtigen Haltung, der richtigen Bewegung und Atmung (beides aus der Mitte oder *Tanden*), wobei man bei jedem Zeichen einmal ausatmet auszuführen. Diese Vereinigung von Form, Körper, Atem und Geist führt zu einem zugespitzten Fokus, der in die eigenen *Zazen*-Praxis überführen kann.

Für den Anfang besorgen Sie sich transparentes Papier, etwa Reispapier oder Pauspapier und einen Pinsel oder einen Filzstift. Setzen Sie sich bequem an einen Tisch. Legen Sie das Papier über das Schriftzeichen des Herz-Sutras für das Wort Buddha und beginnen Sie, es nachzuzeichnen. Währenddessen machen Sie bei jedem Strich einen tiefen Atemzug.

KAPITEL 8

ZEN-RITUALE, ZEREMONIEN UND GESÄNGE

Im postmodernen philosophischen und religiösen Umfeld des heutigen globalen Westens war der Buddhismus beinahe seit seiner Einführung Thema intensiver Debatten: Ist es eine Religion oder eine Philosophie oder vielleicht auch weniger deskriptiv eine *Lebenseinstellung?* Tatsächlich neigen Buddhismus und Zen dazu, sich konventionellen religiösen Normen zu widersetzen, die sich häufig mit den Äußerungen verschiedener Gottheiten und Belohnungen für deren Anhänger nach dem Tod befassen. Für viele, die anderen religiösen Traditionen angehören, ist Zen mit seinem Glauben an metaphysische Dinge nicht inkompatibel. In jüngerer Zeit wurden eine Anzahl an katholischen Priestern, jüdischen Rabbis und Laien verschiedener Traditionen zu ordnungsgemäß ermächtigten Zen-Lehrern und Stammhaltern, ohne die Narrative und Metaphern ihrer primären religiösen Traditionen aufzugeben.

Zen scheint in seiner Fähigkeit der Koexistenz mit anderen religiösen Traditionen einzigartig zu sein und ist keine Bedrohung für deren kulturelle Inhalte und Dogmen. Doch trotz des Mangels einer klaren Übereinstimmung mit erkenntnistheoretischen Religionsregeln des globalen Westens *ist* Zen eine Religion. Es besitzt eine übergeordnete Tradition, die selbst eine Reform einer anderen weltreligiösen Bewegung darstellte, seinen Klerus, seine Schriften und auch Rituale, Zeremonien und Liturgie. Auf Letzteres werden wir im nächsten Kapitel den Fokus legen.

RITEN, RITUALE UND LITURGIE

Während verschiedenen Zen-Schulen sich in der Anzahl der Rituale, Zeremonien und Gesänge, die zu ihrem Repertoire gehören, stark unterscheiden, erhalten die meisten Schulen ein Minimum an täglichen Gesängen, Zeremonien zur Übermittlung der Gebote (Jukai), für Hochzeiten, Segnungen oder dem Willkommenheißen von Babys, als Begleitung von Begräbnissen, bei Priesterweihen und zur Weitergabe des Dharma. Verschiedene Formen von Gesängen für buddhistische Feiertage sind ebenfalls üblich, ebenso wie Übungsformen zur Einleitung von Dharma-Vorträgen oder *Teisho* und zur Eröffnung und zum Abschluss von Klausuren. Im Allgemeinen unterteilt man zen-buddhistische Zeremonien in drei Bewegungen:

1. Gaben von Räucherwerk und Eröffnungsanrufungen;
2. Rezitieren von Schriften (Sutren), heiligen Klängen (Mantras) und Beschwörungsformeln (Dharanis);
3. Genesungsgebete und Weihungen von Verdiensten.

Während der Zweck dieser Riten, Rituale und Liturgien von Zentrum zu Zentrum und von Lehrer zu Lehrer sich in Erklärungen und Erwartungen unterscheiden kann, herrscht das gemeinsame Verständnis, dass sie Auswirkungen auf den Geist haben, die man im Laufe der Ausübung der buddhistischen Zen-Praxis als wirksam betrachtet.

Gesänge (*Okyo*) im Buddhismus, eine Praxis, die in fast allen religiösen Traditionen bekannt ist, haben eine komplexe Geschichte. Am offensichtlichsten liegt die historische Entwicklung der Gesänge im Buddhismus im gemeinschaftlichen Rezitieren der Anhänger von Buddhas Lehren. Um diese nach seinem Tod zu erhalten, setzen viele Gelehrte heute voraus, dass die frühe buddhistische Praxis verschiedene Formen rhythmischer, repetitiv gesprochener Rezitationen als Methode beinhaltete, um die Praxis mit dem breiteren religiösen Hintergrund, aus dem der Buddhismus letztlich entstand, in Einklang zu bringen. Auch heute ist das Singen der Schriften immer noch eine übliche Form der buddhistischen Praxis, die, wie im vorigen Kapitel ausgeführt, dazu dient, Geist und Körper eines Praktizierenden mit einer erwachten Form der Realität zu verbinden, so wie es von Buddha und seinen Nachfolgern über die letzten 2.500 Jahre artikuliert wurde.

Es ist nicht ungewöhnlich für verschiedene buddhistische Schulen und Traditionen, in kanonischen Sprachen zu singen, die weder gesprochen noch notwendigerweise von den meisten Praktizierenden verstanden werden. In diesem Fall wurde das Singen selbst so verfeinert, dass die Integration von Geist und Körper den ursprünglichen Zweck, es als Mittel der Überlieferung vor der Erfindung des Buchdrucks zu sehen, verdrängte.

In der bekanntesten Ausprägung der westlichen Kultur nehmen Gesänge die Form eines Mantras (Sanskrit, wörtlich „Werkzeug für den Geist") an. Dabei handelt es sich im Wesentlichen um eine kurze Phrase, die oft aus heiligen Silben besteht und dazu dient, das diskursive Denken zu durchbrechen und dem Praktizierenden eine bestimmte Stimmung oder Motivation zu vermitteln. Meist weisen Zen-Lehrer den Schülern Mantras zu, um ihnen zu helfen, Klarheit zu erlangen, Energie für die Praxis zu sammeln und deren Geist in eine Richtung zu lenken, die dem aktuellen Stand der Praxis entspricht. Während Schriften oder Sutren häufig in der Umgangssprache gesungen und rezitiert werden (sodass man sie auch vom Begriff her versteht), werden Mantras (wie Dharanis) zumeist nicht übersetzt, damit sie keine gedanklichen Konzepte transportieren oder mit solchen verbunden werden, die die dahinterstehende Absicht stören könnten.

Dharani sind ganz ähnlich wie Mantras, außer dass sie historisch ihren Ursprung in esoterischen Praktiken der vedischen Religionen haben und ihr Fokus eher nach außen als nach innen gewandt ist, wodurch sie als Ort der Hoffnungen, Sehnsüchte und Ängste dienen. So wie viele Gebetsformen sind Dharani ein Ventil, um innerste Ängste und Sorgen auszudrücken, aber auch ein Weg zur Katharsis. Gebete und Zauberformeln können (und werden in manchen Kreisen) tatsächlich als Methode verstanden werden, äußerliche Veränderungen zu bewirken, oder als eine Möglichkeit, Schnittstellen der inneren, spezifischen Realitäten mit der Welt außerhalb der Grenzen der Haut zu verschieben. So könnte man Gebete als Möglichkeit sehen, einen metaphorischen Tumor oder eine Wucherung zu entfernen, wobei andere meditative, dialektische und akademische Praktiken die Behandlung darstellen, pathologische Ursache zu bekämpfen, die den Tumor und damit die Notwendigkeit der Entfernung entstehen ließ.

Es gibt noch weitere subtile Aspekte des Okyo oder Gesangs, die über die bisher erwähnten erzieherischen, regulierenden und expressiven Anwendungen hinausgehen. Eine dieser primären Funktionen ist die mit dem Körper ausgedrückte, zentrierende Wirkung des richtigen Singens. In der Tat ist das Singen nicht einfach eine ästhetische Übung, sondern es ist auch eine Methode der Verkörperung, die den Praktizierenden hilft, die Atemübungen, die bereits in der Praxis von Tandem Soku (der Zwerchfellatmung, die bei der Unterweisung in Zazen häufig enthalten ist) begonnen wurde, anzuwenden und in die Entwicklung des *Kiai* weiterzuführen. Kiai kann man als Harmonisierung und Zusammenführung verschiedener Energien in eine geschlossene und wirklich mächtige Kraft beschreiben, die Ängste ihrer Wurzeln beraubt und stattdessen durch das dynamische Zentrum (Tandem) des Körpers Brücken zwischen Himmel und Erde schlägt und eine Stabilität und Präsenz manifestiert, die inmitten der verschiedenen Dramen des Lebens nahezu unerschütterlich ist.

Gesänge sind in der buddhistischer Praxis weit verbreitet und werden in praktisch jeder Schule und Linie des Buddhismus angewandt. Die Ziele mögen zwar unterschiedlich sein, doch wird die Praxis der Gesänge von allen Buddhisten verehrt.

Wenn Okyo die ausdrückliche Absicht hat, einen Kiai zu entwickeln, wird er mit derselben Haltung ausgeführt wie bei Zazen und der gehenden Meditation (*Kinhin*), das heißt mit gerader Wirbelsäule, mit lockerem unterem Abdomen, entspanntem Körper und ansonsten frei auf dem Stützapparat ruhend. Bei Okyo handelt es sich nicht einfach um eine Übung der Stimmbänder, sondern darum, alle Kanäle des Körpers zu öffnen und so das freie Fließen von Absicht und Energie zu ermöglichen, das als zusammenhängende Einheit und ein Prozess achtsam dosiert wird. Richtiges Zen-Singen beginnt im unteren Bauch (Tanden), wobei durch sanfte Spannung und Beugen der Bauchdecke die Luft durch den Bauch und das Sternum bis in den Hals geführt wird, wo durch die Stimmbänder und Lippen der Ton, entweder in der Umgangssprache oder einer kanonischen buddhistischen Sprache erzeugt wird. Wie in diesem Text bereits besprochen wurde, stehen Körper, Geist und Atem in starker Wechselbeziehung, und durch die absichtlichen Ausführung des Okyo baut man auf das feste Fundament auf, das man in der Sitzübung aufgebaut hat, und beugt es andererseits, indem man es gezielt und achtsam für bestimmte Ziele einsetzt, was auf jede Aktivität bezogen werden kann. Auf diese Weise macht man das ganze Leben zu einer Übung und verwirklicht letztendlich das gesamte Universum in seinem Körper und nähert sich so dem wahren Shikantaza.

Auf den folgenden Seiten werden Beispiele für einen täglichen Einsatz des Singen vorgestellt, die man leicht zu Hause durchführen kann. Diesen Versen, Schriften und Gebeten sollte man sich aufrichtig wie auch ehrfürchtig annähern, und obwohl man sie auch im akademischen Sinn studieren und erlernen kann, sollte der Geist in der Ausführung des Okyo nicht mit destruktiven oder analytischen Anstrengungen beschäftigt sein. Man sollte sich stattdessen bemühen, einfach geistig und körperlich die richtige Haltung beizubehalten und als vollständige Erklärung des Dharma jedes Wort, Silbe für Silbe zu intonieren. So kann man in der Praxis des Okyo das meditative Gleichgewicht finden und nicht nur die Energiebahnen des Körpers freimachen, sondern auch die Fesseln lösen, die das Leben an Angst und Rückzug binden.

Sich zu verbeugen ist in Ostasien eine Geste, die genauso üblich ist wie ein Händeschütteln im Westen, doch hat die Verbeugung eine tiefere Bedeutung als nur das Grüßen. In buddhistischen Ritualen und Zeremonien bezeugt man damit seine Verehrung und grenzt heilige Orte und Zeiten ein. Sich zu verbeugen impliziert nicht unbedingt Ehrerbietung oder Anbetung, sondern lädt den Körper ein, in einem Ritual mit dem Geist zu reisen.

In Zen-Tempeln wird die Übung des Okyo meist von den Klängen verschiedener Glocken, Trommeln, Gongs oder Klatschen geführt und begleitet. Die gängigsten davon sind die *Mokugyo* (eine hölzerne Trommel in Fischform, die rhythmisch geschlagen wird und so den Takt für den Gesang Silbe für Silbe vorgibt) sowie *Keisu* (oder Standglocke, die man als Zeichen von Anfang und Ende verwendet sowie, um gewissen Passagen des Gesanges Nachdruck zu verleihen). Nichts davon ist unbedingt nötig, doch wenn man es wünscht, kann man das Mokugyo imitieren, indem man sacht im Rhythmus, etwa mit einem Bleistift, auf den Tisch klopft. Andernfalls singt man einfach mit Bedächtigkeit, Präzision und Achtsamkeit, wobei man sich die Zeit nimmt, jede Silbe einzeln auszusprechen.

In der japanischen Art des Zen-Gesanges gibt es bei Okyo wenig Melodie oder Tonmodulationen beim Singen. Ganz sicher wird ein Vibrato vermieden. Der Ton sollte natürlich tief, im niedersten natürlichen Register der Stimme liegen, wobei darauf geachtet werden muss, dass die Stimme nicht unnatürlich oder unerträglich angestrengt wirkt. Es gibt in der Praxis des Okyo in der einfachsten und direktesten Form keine echte Melodie, es gibt nur volle Präsenz und Intention – Silbe für Silbe.

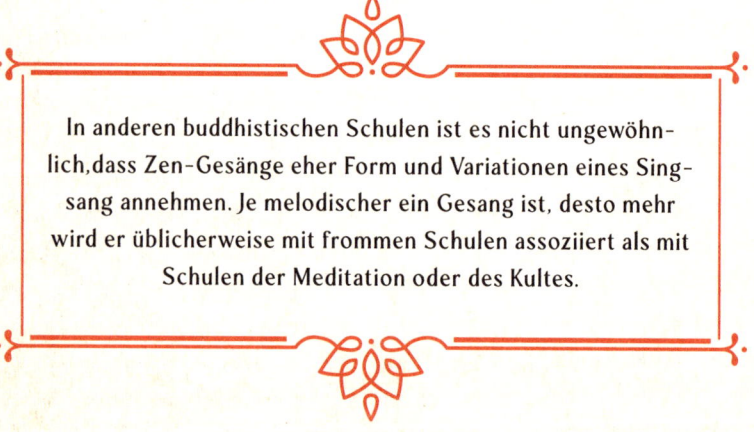

In anderen buddhistischen Schulen ist es nicht ungewöhnlich,dass Zen-Gesänge eher Form und Variationen eines Singsang annehmen. Je melodischer ein Gesang ist, desto mehr wird er üblicherweise mit frommen Schulen assoziiert als mit Schulen der Meditation oder des Kultes.

TÄGLICHE GESANGSÜBUNG

DAS KESA-SUTRA

Oh Gewand der großen Befreiung
Kesa, Feld des grenzenlosen Glücks
Gläubig empfange ich die Buddhalehre,
Um weit herum allen fühlenden Wesen zu helfen.

Hier kann man Kerzen und/oder Räucherwerk anzünden.

SEGNUNG VON WEIHRAUCH

Weihrauch der Gebote, Weihrauch der Befreiung der Sicht,
Wolke des erleuchteten Weihrauchs fliege in die Reiche des Dharma,
Opfergabe an die höchsten Lehrer der zehn Richtungen.
Ich verneige mich respektvoll vor dem Weihrauchaltar des Bodhisattva.
(Letzte Zeile drei Mal wiederholen.)

Ich bete, dass diese wunderbare Weihrauchwolke
sich in aller Welt in den zehn Richtungen ausbreite,
als Opfergabe an alle Buddhas und Bodhisattvas,
an die wunderbaren Dharmas,
an die unendliche Versammlung der Sravaka,
und an alle Heiligen und Weisen.
Ich bete darum, dass sie einen Altar des Lichts bilde
und Buddhas Werk in seiner wahren Natur weiterführe;
Zum Wohle aller fühlenden Wesen,
sodass sich Bodhichitta erhebe,
sich vom schlechten Karma befreie und das Höchste erreiche.

HOMMAGE AN DIE BUDDHAS

Dharma-Meister, niemand wird höher verehrt,
in drei Welten ohne Vergleich,
Lehrer, der Natur und Menschen führt,
Vater der vier Arten des Seins,
ich nehme nun Zuflucht in einem Gedanken,
und löse das Karma drei Mal auf.
Lob und Preis löschen selbst hundert Kalpas nicht aus.
Namo Shakyamuni Buddha.
(Letzte Zeile drei Mal wiederholen.)

KNIEFALL

Ich verneige mich respektvoll in alle Richtungen des Raums,
aller Reiche in der Vergangenheit, Gegenwart und Zukunft,
in die zehn Richtungen, vor allen Buddhas,
vor dem verehrten Dharma,
und dem erleuchteten Sangha,
den andauernden Drei Schätzen.
(Verbeugung)

Ich verneige mich respektvoll vor dem Meister der Samsara-Welt,
unserem Lehrer Sakyamuni Buddha,
dem in der Zukunft erscheinenden Maitreya Buddha,
vor der Großen Liebe, dem Großen Mitleid Amitabha Buddha,
dem Großen Erbarmen Avalokitesvara Bodhisattva,
der Großen Weisheit Manjushri Bodhisattva,
dem Großen Gelübde Kshitigarbha Bodhisattva,
der Großen Anstrengung Samantabhadra Bodhisattva,
der Großen Macht Mahastamaprapta Bodhisattva,
dem Beschützer des Dharma Bodhisattvas,
und allen Buddhas und Bodhisattvas, die sich
auf dem Großen Heiligen Berg versammeln. .
(Verbeugung)

Ich verneige mich respektvoll vor dem führendem Schüler
dem Verehrten Mahakasyapa,
dem weisen Verehrten Sariputra,
dem frommen Verehrten Mahamaudgalyana
dem Meister des Vinaya, dem Verehrten Upali,
dem ergebenen Wächter des Dharma, dem Verehrten Ananda,
dem Führer des Bhikkuni-Ordens, dem Verehrten Mahaprajapati,
und vor allen Ahnen der Vergangenheit, Gegenwart und Zukunft.
(Verbeugung)

ZUFLUCHT SUCHEN IM DREIFACHEN JUWEL

Namô Tassa Bhagavatô Arahatô Sammâ-Sambuddhassa
(Obenstehende Zeile zwei Mal wiederholen.)
Ehre dem Vollständig Erwachten, Vollkommen Erleuchteten Buddha

Buddham Saranam Gacchâmi.
Dhammam Saranam Gacchâmi.
Sangham Saranam Gacchâmi.
(Jede Zeile zwei Mal wiederholen.)

Ich suche Zuflucht in Buddha.
Ich suche Zuflucht im Dharma.
Ich suche Zuflucht im Sangha.

TÄGLICHES SCHULDBEKENNTNIS

Ich verneige mich respektvoll vor dem Śākyamuni Buddha,
Amitābha Buddha, allen Buddhas in den zehn Richtungen,
dem grenzenlosen Buddha-Dharma
und dem tugendhaften Sangha.
Nachdem ich viele Leben unter schweren
karmischen Hindernissen lebte:
Wünsche, Zorn, Stolz, Illusion und Ignoranz;
heute erkenne ich durch Buddhas Lehren dies als Fehler
und bekenne dies reinen Herzens.
Ich gelobe, das Böse zu vernichten und Gutes zu tun,
Ich bitte die Buddhas inständig und respektvoll um ihre mitleidige Hilfe:
einen Körper ohne Krankheit, einen Geist ohne Enttäuschung und Angst.
Ich bitte, jeden Tag die wunderbaren Lehren Buddhas zu praktizieren,
um schnell von Leben und Tod zu entfliehen,
den Geist zu finden und spirituelle Macht zu gewinnen;
um all meine verehrten Ahnen zu retten.
Väter, Mütter, Brüder, Schwestern, Freunde, Verwandte
und alle lebenden Wesen mögen vollständige Buddhaschaft erlangen.

SUTRA-ERÖFFNUNGSVERS

Das unübertroffnene, tiefe, profunde, subtile und wunderbare Dharma,
dem man trotz zahlloser Kalpas schwer begegnet,
um es zu bekommen und zu erhalten durch Sehen und Hören,
gelobe ich, seine wahre und echte Bedeutung zu verwirklichen.

DAS HERZ-SUTRA

Avalokitesvara Bodhisattva, tief versunken
im Prajnaparamita, erkennt, dass alle fünf
Skandhas leer sind, und so wird er von all dem Leid
und der Verzweiflung errettet.
Sariputta, die Form unterscheidet sich nicht von Leere,
die Leere nicht von der Form.
Form ist Leere, Leere ist Form.
Dasselbe gilt für Gefühle, Wahrnehmungen, Impulse und Bewusstsein.
Sariputta, alle Dharmas werden von Leere gekennzeichnet;
ohne Entstehen, ohne Vergehen,
ohne Schmutz und ohne Reinheit,
ohne Zunahme und ohne Abnahme.

Deshalb existiert in der Leere keine Form,
kein Fühlen, Wahrnehmen, Wollen oder Denken.
Nicht Auge noch Ohr, Nase, Zunge, Körper und Geist;
weder Farbe noch Ton, Geruch, Geruch, Geschmack, Berührung oder
Gegenstand;
weder die sichtbare Welt, noch die Welt der Vorstellung.
Nicht das Nicht-Wissen, noch die Aufhebung des Nicht-Wissens,
nicht Alter und Tod nach der Aufhebung von Alter und Tod.
kein Leiden, kein Entstehen, kein Vergehen, kein Weg,
weder Erkennen, noch Erlangen.
Weil der Bodhisattva nichts begehrt und sich im Prajnaparamita versenkt,
ist sein Bewusstsein ohne Hindernisse.
Weil ungehindert, ist er ohne Furcht.
Fern von allen Illusionen und Träumen meistert er das Nirwana.
Die Buddhas der Drei Welten erlangen durch die Prajnaparamita
das Anttara Samyaksambodhi.
Höre daher den großen göttlichen Spruch der Prajnaparamita,
das große Mantra, den unübertrefflichen Spruch,
den unvergleichlichen Spruch, der alles Leiden hinwegfegt.

Das ist die Wahrheit, keine Täuschung.
So erklärte er das Mantra der Prajnaparamita und sprach:
gate gate paragate parasamgate bodhi svaha.

(Letzte Zeile drei Mal wiederholen.)

*Hier wäre eine Meditationsübung im Sitzen angebracht, bevor man das
Singen wieder aufnimmt.*

REZITIEREN VON BUDDHAS NAMEN

Namo Shakyamuni Buddha
Namo Amitabha Buddha
Namo Chundi Bodhisattva
(Jede Zeile einzeln fünfzehn Mal wiederholen.)

BODHISATTVA-GELÜBDE

Fühlende Wesen sind ohne Zahl, ich gelobe, sie alle zu retten.
Enttäuschungen gibt es ohne Ende, ich gelobe, sie alle zu durchtrennen.
Die Lehren sind unendlich, ich gelobe, sie alle zu lernen.
Der Weg Buddhas ist unvorstellbar, ich gelobe, ihn zu verwirklichen.

GENESUNGSGEBET

Mögen die Leidenden ohne Leiden sein,
die von Angst Betroffenen, ohne Angst sein.
Möge das Trauern alle Trauer aufheben,
und die Kranken in der Heilung Erleichterung finden.

SEGNUNG DES VERDIENSTES

Ich wünsche, dass all dieser Verdienst,
jedem zugute komme.
Dass wir, gemeinsam mit allen Lebenwesen,
Buddhas Weg erlangen.
(Den gesamten Vers drei Mal wiederholen.)

*Man könnte hier drei abschließenden Verbeugungen machen
und alle Kerzen und Räucherstäbchen löschen.*

Man sollte beachten, dass viele Zen-Praktiken aus der Notwendigkeit heraus ohne scheinbar ausreichende Anweisungen durchgeführt werden. Das allgemeine Gefühl der Zen-Tradition ist, dass man die Praxis erst erfahren sollte und das Verständnis erst aus der Erfahrung erwächst. Die täglichen Übungen, die auf den vorangehenden Seiten erläutert wurden, enthalten genügend Anhaltspunkte, um ein Leben lang zu forschen. Und während das Verständnis aller Facetten und die Fähigkeit, dieses Verständnis als Teil einer einheitlichen religiösen Theorie zu artikulieren, durchaus lobenswert ist, muss man vorsichtig sein, um in der Übung nicht zu entgleisen und den Wald vor lauter Bäumen nicht zu sehen, wie ein weises Sprichwort besagt. Man sollte sich immer zuerst bemühen, das Gefühl der Übung authentisch zu erfassen, und alles andere wird sich ergeben. Dies ist vielleicht die einzige Glaubensangelegenheit in der Praxis des Zen-Buddhismus – vertraue dem Prozess!

Im Zen ist der Gesang ein einzigartiger Übungspfad, nicht einfach nur eine fromme Aktivität für sich selbst. Beim Singen sollte man aufs Äußerste versuchen, mit der Handlung „eins zu werden" und dabei Körper, Geist und Atem in meditativer Versunkenheit zu vereinen sowie alle äußerliche Gedanken fallen zu lassen.

Wenn man das Singen richtig ausführt, betritt man das Reich der Lehren selbst und erlaubt deren Geist, zu einem Kanal für den organischen und reinen Ausdruck des *Buddha Dharma* zu werden. So umgehen die Lehren die Tore der Wahrnehmung und manifestieren sich in den eigenen Handlungen und dem eigenen Sein, das sich nicht von dem Buddhas und den erwachten Ahnen unterscheidet.

So gesehen sind die Gesänge nicht nur eine gemeinschaftliche Art, Lehren auswendig zu lernen, oder eine emotionale Performance oder sogar ein normativer Kult, sondern richtig eingesetzt sind Gesang und Liturgie Mittel, um den Inbegriff des Erwachens in diesem Leben und in diesem Augenblick zu erlangen. An diesem Punkt kann man das Gefühl und den Geruch der Erleuchtung aufnehmen und deren Duft ins tägliche Leben und den Tagesablauf mitnehmen.

Es wurde schon erwähnt, dass die wirksame Kultivierung des Erwachens wie ein Sturzflug ist, während man von unten nach oben steigt. Man kann Meditation als Methode für den Aufstieg ansehen, während die Gesänge eher als herabstürzende Methode betrachtet werden. So wie es schneller ist, von einem Ort zum anderen zu fliegen, als zu fahren, ist in gewissem Sinne der Prozess, in den Gesängen zur Buddhaschaft zu gelangen, ergiebiger als die organische Verwirklichung in stiller Kontemplation. Die schnellste und einheitlichste Methode der Verwirklichung ist das gleichzeitige Anwenden beider Methoden – den Boden zu befestigen und gleichzeitig durch die Lüfte zu schweben.

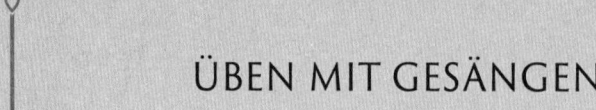

ÜBEN MIT GESÄNGEN UND LITURGIE

Als Abschluss der täglichen Routine in der Zen-Praxis wollen wir nun die Übung der Gesänge näher erkunden. Früher in diesem Kapitel wurde ein Beispiel eine täglichen Gesangsliturgie ausführlich besprochen. Idealerweise beginnt man mit der täglichen Praxis des Singens (das 5 bis 10 Minuten dauern kann, wenn man sich achtsam damit beschäftigt), gefolgt von einer mindestens zehnminütigen Meditationsübung und 10 Minuten Studium der Schriften und Kommentare über die Tradition. Mit diesen drei Übungen baut man einen täglichen Ablauf von etwa 30 Minuten auf, der das Minimum darstellt, das die meisten engagierten Praktizierenden des Zen-Buddhismus, die nach Befreiung und Erleuchtung streben, in ihren Tagesablauf einplanen.

- Wie in diesem Kapitel ausgeführt, sollte man das Singen als meditative Übung ausführen– in der richtigen Haltung und körperlicher Übereinstimmung, sodass man die Luft aus dem Unterbauch durch die Stimmbänder führen kann.

- Gesang in der japanischen Zen-Tradition wird meist in einem tieferen Register als das Sprechen ausgeführt, doch nicht mit forcierten oder scharfen Tönen. Außerdem sollte es etwas lauter als eine normale Konversation sein.

- Jede Silbe sollte man achtsam aussprechen und ein Klopfen auf dem Tisch, dem Boden oder auf einer kleinen Trommel kann jede Silbe begleiten, sodass man den Rhythmus einhält und sich der Körper voll auf die Übung einlässt.

Es ist wichtig, die Gesangspraxis nicht zu schnell voranzutreiben, da die primäre Aufgabe des Singen die Unterbrechung des diskursive Denkens ist und gleichzeitig die Weisheit der Liturgie mit täglicher Einstimmung durch das Üben ins Bewusstsein aufnehmen soll, sodass sich diese Weisheit durch eigentlich unbewusste Fähigkeiten auch im eigenen Leben manifestieren kann.

Es könnte hilfreich sein, in Online-Quellen nach Beispielen, wie die Durchführung von Zen-Gesänge vonstatten geht, zu suchen, was dann als Ausgangspunkt zum Nacheifern für Einzelpraktizierende dienen können.

Gesänge sollten zur Routine werden und müssen nicht dauernd erweitert werden und eine endlose Anzahl von Schriften umfassen.

Es ist wichtig, mit den grundlegenden Lehren und Verpflichtungen der Zen-Praxis vertraut zu werden, besser noch mehr als vertraut.

Denken Sie daran, dass Langeweile ein Privileg derer ist, die es sich leisten können, immer wieder zu den sehr einfachen Prozessen des Zen zurückzukehren. Sich der Langeweile mit Absicht anzunähern, ist der erforderliche Schlüssel, um die Handlungsfreiheit zu erlangen, damit Verständnis und Verwirklichung gleichermaßen einen Fortschritt zu erzielen.

Gehen Sie an jeden Augenblick, jede Zeile und jede Silbe der Gesangsübung so heran, als ob sie neu für Sie wären, auch wenn Sie sie bereits aus dem Gedächtnis zitieren.

ZUSAMMENFASSUNG

Nachdem wir nun Geschichte und Entwicklung des Buddhismus ausführlich behandelt haben, insbesondere die Lehren der Zen-Tradition, den Platz spiritueller Führer und Lehrer innerhalb des Zen, das Leben mit Gelübden, die Methoden der Meditation, den Platz von Studium und Scholastik auf dem spirituellen Pfad, Rituale, Zeremonien und Gesänge, erhielten Sie nun zweifellos eine tiefgreifende Einführung, was ein Leben in der Zen-Praxis bedeuten kann. Wir unternahmen beim Schreiben dieses Textes alle Anstrengungen, um außerordentliche Versprechen und die oft ausschließenden Ansprüche der meisten religiösen Traditionen in ihrer Selbst-Reflexion zu vermeiden. Dennoch kann die Poesie beinahe garantiert werden, wenn man versucht, die Verwandlung des Lebens durch die Praxis der tiefen Aufmerksamkeit zu beschreiben, die man sowohl dem Inhalt als auch den eigenen Voraussetzungen schenkt.

Zen verspricht Freiheit, und eine große Anzahl an ernsthaft Praktizierenden erhielt diese in größerem Ausmaß, als sie es sich vorgestellt hatten. Die Kosten sind jedoch nicht unbedeutend. Der Zen-Pfad kennt keinen klaren, linearen Fortschritt. Er ist im Grunde ein destruktiver Weg, der mehr wegnimmt als hinzufügt. Er verlangt unbedingte aufrichtige Hingabe, Beharrlichkeit und langes Leiden. Kluge Lehrer und spirituelle Freunde (Sangha) sind für den Erfolg unerlässlich. Obwohl der Weg letztendlich ein persönliches, einsames Unterfangen darstellt, kann man die Wirksamkeit des Balsams, der darin besteht, dabei allein zu sein (bevor man unweigerlich erkennt, dass es nie möglich war, auch nur einen Augenblick von irgendjemandem oder irgendetwas getrennt zu sein), nicht genug betonen.

Wenn Sie nach der Lektüre dieses Buches feststellten sollten, dass Ihr Leben zwar durch eine oder zwei neue Perspektiven bereichert wurde, dass das aber alles ist, was Sie im Moment an Zen interessiert, dann ist das nicht schlimm. Sie haben damit bereits den karmischen Keim für das Wachsen Ihres eigenen Wohlbefindens gepflanzt, und das ist schon genug! Wenn Sie sich aber von der Zen-Vision einer erwachten Realität angezogen oder sogar verfolgt fühlen, ist es wichtig, einen kompetenten Führer zu finden, der Ihre Reise auf diesem Pfad begleitet (eine Wiederholung von Kapitel drei wird empfohlen). Der Pfad, der Sie erwartet, sei er lang oder kurz, schnell oder verzögert, wird sicherlich der Roadtrip Ihres Lebens sein. Lassen Sie die Straße nicht aus den Augen, aber ignorieren Sie nicht den Horizont; beachten Sie die Landkarten und die Rüttelstreifen und teilen Sie sich das Fahren, wann immer es möglich ist.

Es gibt heute unzählige Druckwerke und Internet-Quellen, die von und für westliche Praktizierende geschrieben wurden. Es wäre klug, zumindest einige über den vorliegenden Text hinaus zu lesen, sodass man ein vollständigeres Bild von Gefühl und Charakter des Zen bekommt, indem man eine Reihe von Stimmen und Perspektiven durcharbeitet.

Mögen Sie glücklich sein, mögen Sie sich wohlfühlen, mögen Sie frei von Leiden sein, möge Ihnen all das Gute beschieden sein und mögen Sie in dieser Welt in Frieden und Leichtigkeit verweilen, ohne Rücksicht auf den Weg, der vor Ihnen liegt.

A

Abhidhamma Pitaka (Höhere Lehren), 121, 125

Achtfacher Pfad, 18, 48

Achtsamkeit, 8, 33, 48, 76, 93, 94

Ananda, 23–24, 26

Atmen. *Siehe auch* Körper
    Gesänge und, 133
    Meditation, 91–92
    Susokukan Atemzählen), 93–94, 97
    Tanden soku (Zwerchfellatmung), 91, 97, 127, 133, 134

B

BodhiDharma, 21–22, 26, 85

Buddha. *Siehe auch* Gautama, Siddhartha
    Bettelschale von, 26
    Erwachen von, 14, 15
    Gewand des, 26
    Lebensgeschichte von, 12
    Drei Juwelen und, 70
    Zuflucht zu, 73

D

Dharma
    Definition von, 72
    Dharma-Kampf, 54
    Dharma-Name, 60, 67, 68
    Dharma-Übermittlung, 24–26, 56, 61, 130
    Drei Juwelen und, 70
    Fünf Gebote und, 79
    Funktion von, 72
    Sanatana Dharma, 15
    Vorwärtsgehen von der Spitze einer Stange-Koan, 111
    Zuflucht zu, 73, 120

Dharmakaya (unendliches und absolutes Reich), 70, 71

Drei Körbe (Tripitaka), 121, 122

Drei-Körper-Doktrin (Trikaya), 70, 71

Drei Juwelen (*Triratna*), 68, 70, 72–73, 142

Drei Gifte, 74–75

Drei Siegel, 41, 45, 49

Drei Schätze, 79

E

Edler Achtfacher Pfad, 18, 48

Erleuchtung. *Siehe* Erwachen

Erwachen
    Ansammlung von Wissen und, 47
    Arhats, 53
    Bodhisattvas, 53
    Definition von, 34
    des Buddha, 14, 15
    Lehrer und, 51, 54–55
    Marga (Pfad), 16, 18, 42, 43
    Natur von, 34
    Pratyekabuddhas, 53
    Realität und, 34, 118, 119, 120, 131
    Rinzai-Schule und, 35
    Samyaksambuddhas, 52, 53
    Soto-Schule und, 35
    Stammbaum und, 69
    Vier Edle Wahrheiten und, 42
    Ziel von, 69, 119

F

Vier Edle Wahrheiten
    Bedeutung von, 16, 42
    Buddha und, 16, 19
    Dukkha (Unbefriedigtheit), 17, 18, 41, 42
    Erwachen und, 42
    Marga (Manifestation des Erwachens), 18, 42, 43
    Nirodha (Löschung von Leiden), 18, 42, 43
    Samudaya (Wehklagen), 17, 18, 42
    Shakyamuni Buddha und, 52
    Übung, 49

Verehrung von, 43
Vier Heilige Verse, 22

G

Gautama, Siddhartha. *Siehe auch* Buddha
  Erwachen von, 14, 15
  Erziehung von, 13–14
  Geburt von, 12
  Kindheit von, 13
  Vater von, 12
Gebote
  Bedingte Kausalität, 15, 59, 77
  Beharrlichkeit of, 77
  Definition von, 65
  Dreifache Zuflucht, 70, 72–73, 83
  Drei Reine Gebote, 68, 69, 74–75
  Fünf Gebote, 43–44, 49, 76, 78–80
  Mahaparinirvana-Sutra und, 76
  Sexualität und, 78, 79
  Stammbaum und, 65, 67
  Wechselseitige Abhängigkeiten und,
    79
  Übersetzung von, 81
  Zehn Ernste Gebote, 68, 69, 76–82
  Ziel von, 77
  Zufluchtszeremonien und, 54, 70,
    72–73, 83
Geierberg-Predigt, 25
Gesänge (*Okyo*)
  Atmen und, 133
  Auswendiglernen von Schriften mit,
    131
  Bodhisattva-Gelübde, 146
  Feiertage und, 130
  Funktion von, 131, 132–133, 149
  Geist-Körper-Vereinigung und, 131
  Geschichte von 131
  Haltung und, 134
  Herz-Sutra, 144–145
  Hommage an die Buddhas, 139
  Kanonische Sprachen, 131
  Kesa-Sutra, 137
  Kesu (Standglocke), 136

Kiai (Harmonisierung von Energien),
    133–134
  Klang, 136
  Kniefall, 140–141
  Mantras, 132
  Melodie und, 136
  Mokugyo (hölzerne Trommel), 136
  Rezitieren von Buddhas Namen, 146
  Segnung des Verdienstes, 147
  Segnung von Weihrauch, 138
  Stammbaum und, 130, 133
  Sutra-Eröffnungsvers, 144
  Tanden soku (Zwerchfellatmung), 91,
    97, 127, 133, 134
  Tägliches Schuldbekenntnis, 143
  Tägliche Übungspraktiken, 150–151
  Verehrung für, 130, 133
  Zuflucht suchen im Dreifachen Juwel,
    142

H

Hakuin Ekaku, 99, 111
Haltung. *Siehe auch* Körper
  Gesang und, 134, 150
  Künstlerischer Ausdruck und, 127
  Meditation und, 86, 88, 92, 93, 97
Huineng, 26, 109

J

Jukai (Gebots- und Zufluchtszeremonie)
  Dharma-Name und, 67
  Funktion von, 67–68
  Gebote und, 75, 80
  Lehrer und, 54, 60
  Rakusu (Gewand) und, 67
  Schulen und, 130
  Schüler und, 60
  Übersetzung, 68
  Verpflichtungen, 68, 69

K

Kampfsportarten, 22
Koans
    Auswendiglernen von, 102–104
    Buch des Gleichmuts (Shoyoroku), 113
    Definition von, 99–100
    Eins-zu-Eins-Praxis, 101
    Frauen in, 106
    Gruppenpraxis, 101
    Jakugo (Schlusssatz), 104–105
    Joshus Schüssel, 107–108
    Joshus Eiche im Garten, 110
    Koankufu (Untersuchung), 54, 58, 95,
        101, 102–104, 106, 112
    Lehrer und, 102–104
    Meditation und, 102, 103, 112–113
    Meister Dongshans Fünf Ränge, 113
    Niederschrift der Weitergabe des
        Lichts (Denkoroku), 113
    Niederschrift des Blauen Felsen
        (Hekiganroku), 106, 113, 116
    Paraphrase, 103
    Privatsphäre und, 102
    Rinzai-Schule und, 35
    Shitsunai (Stammbaum-Curriculum),
        102, 104, 105, 106, 110
    Schüler und, 100, 102–105
    Stammbaum und, 101, 102, 104, 105,
        106, 110, 113
    Torlose Schranke (Mumonkan), 106,
        107–111, 113
    Tozans Drei Pfund, 108
    Übersetzung von, 105, 106
    Verwirrende Kletterpflanze (Shumon
        Kattoshu), 113
    Weder Wind, noch Flagge, 109
    30m hohe Stange, 111
Körper. *Siehe auch* Atmen; Haltung
    Verbeugung, 135
    Mudra der Versenkung, 89, 91, 97
Künstlerischer Prozess
    als Übungspfad, 29
    Schriften und, 127

L

Lehrer. *Siehe auch* Schüler
    Anfrage zur Vormundschaft, 58, 60
    Ango (intensive Klausuren), 54
    Bedingungen für Training, 57
    Berechtigungsnachweis, 56
    Beziehungen zu, 55, 58–59, 59–60,
        60–61, 63
    Daisan (Zeiten für Anleitung), 62
    Dharma-Kampf, 54
    Dialog mit, 61
    Dokusan-Sitzungen, 54, 58, 60, 62
    Erwachen und, 51, 54–55
    Fallstudien, Untersuchung von, 54
    Funktion von, 56–59, 61
    Gemeinschaft, Verbindung mit, 62
    Gurus im Vergleich zu, 54
    Intensive Klausuren und, 54
    Jukai-Zeremonien, 54, 60
    „Karmische Verbindung" mit, 58–59
    Koans und, 102–104
    Kommentare, 116
    Laien-Lehrer, 61
    Mantra-Zuteilung, 132
    Meditation und, 54
    Moderne Erhältlichkeit von, 58
    Mönche als, 55
    Online-Unterricht, 58
    Persönliche Erkenntnisse von, 54,
        57–58
    Priester als, 55
    Private Sitzungen, 54
    Rollen von, 54, 55
    Sanzen (private Sitzungen), 54, 101,
        102, 103, 104, 106
    Sesshin (intensive Klausuren), 54, 58
    Stammbaum und, 55, 56
    Verpflichtung zu/ Verpflichtung von,
        58, 59–60
    Wahl von, 56–59
    Westliche Rangordnung von, 57
    Zazenkai (intensive Klausuren), 54, 58
    Zeiten für Anleitung), 62

～ M ～

Mahayana-Schule, 20, 21, 70
Meditation
    Achtsamkeit in, 33, 93
    Atmen, 91–92, 93–94
    Bedeutung von, 85
    Burmesischer Sitz, 90
    Definition von, 85
    Dhyana (Konzentration), 45, 46, 47, 85
    Entwicklung von, 94
    Fersensitz mit Bank, 90
    Fersensitz mit Stuhl, 90
    Halber Lotus, 90
    Haltung und, 86, 88
    Kissen für, 88
    Kleidung für, 87
    Koans und, 102, 103, 112–113
    Konzentration für, 93–94
    Körper und, 86–90, 92
    Körperliche Voraussetzungen für, 57, 86, 88
    Lehrer und, 54
    Lotussitz, 90
    Mudra der Versenkung (Handhaltung), 89, 91
    Natur des Selbst und, 37
    Rahmenwerk für, 35
    Shikantaza (stille Illumination), 95, 134
    Susokukan (Atemzählen), 93–94, 97
    Stammbaum und, 92
    Tan (Meditationsplattformen), 88
    Überblicksübung, 96–97
    Umsetzung von, 86, 88
    Viertel-Lotus, 90
    Zabuton (Meditationsmatte), 88, 89, 96
    Zafu (Meditationskissen), 88, 89, 96
    Zweck von, 94–95

～ N ～

Nirmanakaya (relative Welt), 70, 71
Nirwana, 41, 124

～ O ～

Okyo. Siehe Gesänge

～ P ～

Pali-Dialekt, 73
Paramita (Vollkommenheit). *Siehe* Sechs Vollkommenheiten

～ S ～

Samadhi (Konzentration), 48, 65, 66
Sambhogakaya (Vorstellung und Bestreben), 70, 71
Samyutta Nikaya, 23–24
Sanatana Dharma (Ewiges Gesetz), 15
Sangha (Gemeinschaft), 70, 72, 73, 83, 153
Schriften
    Diamant-Sutra, 116, 125, 126
    Drei Körbe (Tripitaka), 121, 122
    Einführung zu, 121
    Herz-Sutra, 122–125, 126, 127, 144–145
    Künstlerischer Ausdruck von, 127
    Lotus-Sutra, 125
    Mahaparinirvana-Sutra, 76, 125
    Nirwana-Sutra, 125
    Plattform-Sutra, 126
    Prajnaparamita, 122, 123, 125, 144, 145
    Singen von, 131
    Shakyo (Kopieren von Sutren), 127
    Übungen, 126, 127
Seung Sahn, 9, 85
Shakyamuni Buddha, 23–24, 52, 70, 72, 121
Shaolin-Tempel, 21–22, 85
Shukke tokudo (Eintritt in den Priesterorden, 68
Sechs Vollkommenheiten *(Paramita)*
    Als Motivatoren, 46
    Dana (Freigiebigkeit), 45, 47
    Definition von, 45, 47
    Dhyana (Konzentration), 45, 46, 47, 85
    Ksanti (Gleichmut), 45, 47

Prajna (Weisheit), 45, 46, 47, 65, 66
Sila (Tugend), 45, 47, 65, 66
Übung, 49
Virya (Eifer), 45, 46, 47
Schüler. *Siehe auch* Lehrer
    Ango (intensive Klausuren), 54
    Dharma-Name, 60, 67, 68
    Jukai-Zeremonie, 60
    Kleidung von, 67, 82, 87
    Koans und, 100, 102–105
    Lehrer-Kommentare und, 116
    Mantra-Zuteilung, 132
    Sanzen (private Sitzung), 54, 101, 102, 103, 104, 106
    Sesshin (intensive Klausuren), 54, 58
    Shoken (Verpflichtungsritus), 59–60
    Zazenkai (intensive Klausuren), 54, 58
Stammbaum
    Autorisierung von, 55, 56
    Blutlinien-Stammbaum, 24
    Dharma-Übermittlung und, 25, 26
    Entwicklung von, 31
    Erwachen und, 69
    Gebote und, 65, 67
    Gesänge und, 130, 133
    Jukai-Zeremonie und, 67, 68, 80
    Koans und, 101, 102, 104, 105, 106, 110, 113
    Lehrer und, 55, 56
    Mahakashyapa, Geschichte und, 25–26
    Meditation und, 92
    Shitsunai (Curriculum), 36, 102, 104, 105, 106, 110
    Unterschiedliche Glaubenssysteme, 6, 24, 46, 129
    Westliche Schulen, 32–33
Sutra Pitaka (Ende des Leiden), 121

T

Tang-Dynastie, 24
Theravada-Schule, 20, 21, 122
Tokusan, 116

V

Vajrayana-Schule, 20, 21
Vinaya Pitaka (Buddhas Führung), 121

Z

Zeremonien
    als Rolle des Lehrers, 54, 55
    Bewegungen, 130–131
    Dreifache Zuflucht, 73
    Jukai-Ritus, 54, 60, 67–68, 75, 80, 130
    Pali-Dialekt, 73
    Verbeugung und, 135
Zwei Perspektiven (Zwei Wahrheiten), 39–40, 45, 49

ÜBER DEN AUTOR

Rev. Dr. Joshua Richard Paszkiewicz (*in ecclesia: Höchst Verehrter Sunyananda Dharmacarya*) ist Priester, Zen-Lehrer, Psychotherapeut, Kampfsportler, Heiler, Feinschmecker, Schriftsteller, Gelehrter und Mystiker.

Dr. Paszkiewicz ist ein in mehreren Yanas ausgebildeter, generalbevollmächtigter Zen-Lehrer und der einzige Mensch, der gleichzeitig die Berechtigung zur vollen Lehrtätigkeit in japanischen, koreanischen und vietnamesischen Zen-Schulen besitzt. Dr. Paszkiewicz studierte und lehrte den Buddhismus auf der ganzen Welt, hielt Vorlesungen an zahlreichen Colleges und Universitäten, erschien in verschiedenen Medien, für die er auch schrieb. Zusätzlich fungierte er auch als offizieller Delegierter bei zahlreichen bedeutenden buddhistischen Veranstaltungen, darunter auch der ersten Konferenz Buddhistischer Führer im Weißen Haus und beim Welttag des Vesakfestes der Vereinten Nationen.

Im alltäglichen Leben dient Dr. Paszkiewicz als Leiter des Ordens des Blauen Drachen, einer religiösen Vereinigung von Zen-Priestern, die sich auf die gesamte USA verteilen, und ist Rektor des Seminar- und Ausbildungsprogrammes von „The Zen School".

Titel der Originalausgabe: *Zen Buddhism*

© 2024 Librero IBP (für die deutschsprachige Ausgabe)
www.librero-ibp.com

Ursprünglich 2023 herausgegeben von Wellfleet Press, einem Imprint von The Quarto Group
© 2023 Quarto Publishing Group USA Inc.

Verlegerin: Rage Kindelsperger
Kreativdirektorin: Laura Drew
Lektoratsleitung: Cara Donaldson
Lektorat: Sara Bonacum
Cover und Layout: Amelia LeBarron

Übersetzung aus dem Englischen:
Anita Weinberger-Schwendenwein, Wien
Redaktion und Satz der deutschen Ausgabe:
Print Company Verlagsges.m.b.H., Wien

Printed in China

ISBN: 978-94-6359-700-5